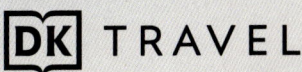

TOP **10**
MARRAKECH

AF277094

CONTENIDOS

MARRAKECH

DESCUBRIENDO

Un riad en Marrakech

BIENVENIDO A
MARRAKECH

Pocas ciudades pueden rivalizar con el dinámico tapiz cultural de Marrakech, con su maravillosa arquitectura islámica, bellos jardines franceses y zocos repletos de artesanía. No te pierdas nada. Disfruta de lo mejor de la ciudad con la ayuda de la guía Top 10 Marrakech.

Situada a los pies del Atlas, en el noroeste de África, Marrakech ha sido durante mucho tiempo una encrucijada de civilizaciones. Un paseo por las calles adoquinadas de la antigua Medina revela esa ecléctica mezcla de influencias africanas, europeas y de Oriente Próximo, con mercados repletos de especias y tejidos, testigos del papel de Marrakech como centro del comercio mundial. La belleza de los intrincados diseños islámicos se extiende por toda la ciudad, desde el esbelto minarete de la mezquita Kotoubia hasta la grandeza saadí de

Una animada calle de la Medina

la madraza Ben Youssef. En su corazón se encuentra el cautivador caos de la plaza central, Jemaa el Fna, donde artistas y músicos callejeros entretienen a los transeúntes, mientras los vendedores de comida sirven abundantes platos aromáticos. Si el bullicio se vuelve excesivo, los baños o *hammams* de Marrakech son perfectos para relajarse. Con espléndidos jardines para perderse, como los famosos jardines Majorelle, no se puede negar que la Ciudad Roja es un placer para los sentidos.

Y todo esto sin salir de las murallas ocres de la Medina. Fuera del casco antiguo se encuentra la necrópolis de las tumbas saadíes en la Kasbah, y el ornamentado palacio Bahia, en el Mellah, el antiguo barrio judío de la ciudad. Aunque arraigada en la tradición, Marrakech también es rabiosamente moderna: los barrios de Guéliz y Hivernage cuentan con tiendas, hoteles de diseño, una animada vida nocturna y una innovadora cocina contemporánea.

Esta guía Top 10 reúne lo mejor que Marrakech puede ofrecer, con sencillas listas con las 10 mejores opciones, consejos de expertos y mapas y planos detallados, que hacen del viaje una experiencia extraordinaria.

HISTORIA DE
MARRAKECH

Cuando los granjeros amazig fundaron un pequeño asentamiento cerca del río Tensift hace unos 10.000 años, no podían prever el papel que su aldea desempeñaría en la historia mundial. Desde entonces, ha sobrevivido a monarcas beligerantes, invasores otomanos y colonizadores europeos, antes de convertirse en la ciudad que es hoy. He aquí su historia.

Primeros asentamientos

La zona de la actual Marrakech fue poblada inicialmente por agricultores neolíticos. No fue hasta principios del siglo XI cuando los almorávides, una dinastía amazig autóctona, estableció aquí su capital por su posición en el cruce de las rutas comerciales del Sáhara. Gracias al establecimiento de relaciones comerciales y la coalición de tribus nómadas de lo que hoy es

La Qubba almorávide, erigida por la dinastía almorávide

Mauritania y el Sáhara occidental, el imperio almorávide pronto se extendió por dos continentes, incorporando el sur de España y parte del África subsahariana. Esta fue la base para el desarrollo de la mezcla de estilos arquitectónicos primitivos de la ciudad. Los almorávides construyeron las murallas rojas para rodear la Medina, con una mezcla de barro y cal. Este imperio también fue el responsable de crear el sistema de irrigación de la ciudad, con agua que traían de las montañas del Atlas y filtraban a través de una red de canales subterráneos conocidos como *khettaras*.

En 1147 los almorávides perdieron el control de Marrakech ante la ambiciosa dinastía almohade y fue bajo estos nuevos gobernantes cuando se construyeron algunos de los más hermosos monumentos de la ciudad, como la mezquita Koutoubia. Aunque durante el siglo XII la ciudad conoció importantes logros, una sucesión de

a ciudad original bajo el imperio
almorávide

uchas tribales hizo que cayese
entamente en decadencia, y la capital
e trasladó a Fez.

Fortuna cambiante

Marrakech recuperó su capitalidad a
principios del siglo XVI bajo la dinastía
saadí. Esta dinastía ayudó a dominar a
los invasores otomanos de Marrakech y
le devolvió su antiguo esplendor. Los
sultanes saadíes amasaron grandes
riquezas y construyeron joyas tan
conocidas como la madraza Ben
Youssef y los palacios y jardines de
Mouassine.

Sin embargo, el esplendor saadí
duró poco ya que, en 1669, la ciudad
cayó bajo el dominio de la dinastía
alauí. Al igual que ocurrió en el siglo XII,
los alauíes trasladaron la capital a Fez y
Marrakech volvió a caer en el
abandono.

La ciudad permaneció olvidada
hasta que el alauí Mohamed III le
devolvió la capitalidad a mediados del
siglo XVIII. Su sultanato fue el origen de
más de un siglo de paz.

**Moulay Abd al-Rahman, sultán de la
dinastía alauí**

Hitos históricos

1062
La dinastía almorávide funda Marrakech
como capital y centro para controlar la
ruta comercial sahariana.

1147
Los almorávides pierden el control de
Marrakech frente a la dinastía
almohade.

1549
Derrota de los benimerines ante los
saadíes, primera dinastía árabe de
Marruecos.

1668
La dinastía alauí arrasa a los saadíes y
sigue gobernando hoy con el rey
Mohamed VI.

1750
Mohamed III, de la dinastía
alauí, devuelve la capitalidad a
Marrakech e inicia un periodo de
paz para la ciudad.

1912
El Tratado de Fez convierte
Marruecos en Protectorado francés.
El residente general Hubert
Lyautery encarga a Henri Prost el diseño
de Guéliz, la nueva ciudad de
Marrakech.

1918
Elección del líder tribal amazig Thami el
Glaoui para gobernar Marrakech y el sur
de Marruecos.

1947
El pintor francés Jacques Majorelle abre
al público su jardín privado de Guéliz,
los jardines Majorelle.

1955
Mohamed V es coronado rey; un año
después Marruecos se declara
independiente de Francia.

2023
Un terremoto de 6,8 en la
escala de Richter se cobra
cerca de 3.000 vidas en
Marrakech y en las cercanas
montañas del Atlas.

Protectorado francés

El periodo de paz finalizó de manera
turbulenta a principios del siglo XX.
La ocupación militar francesa de
Marruecos, iniciada con la invasión de
Oujda y el bombardeo de Casablanca
en 1907, llevó al sultán Abd al-Hafid a
firmar el Tratado de Fez en 1912. Así
se inició el Protectorado francés.

Bajo control de Francia, Marrakech
vio el desarrollo de normas francesas
aplicadas a su arquitectura, cultura y
educación. Con el fin de preservar la
integridad de la antigua Medina, el
residente general Hubert Lyautery
inició la construcción de la Ville Nouvelle
(ciudad nueva). Conocida como Guéliz,
palabra derivada de la palabra iglesia
(*église*), esta ciudad fue diseñada por
e urbanista francés Henri Prost, con
amplios bulevares, jardines cercados,
edificios *art déco*, villas y grandes
teatros estilo 1920, cafés y cines. A
mediados del siglo XX, numerosos
artistas franceses, como Jacques
Majorelle, se instalaron en Guéliz.

Junto al gobierno francés, Marrakech
era gobernada por un "pachá" o
administrador local. Thami el Glaoui,
un jefe amazig conocido como el

Generales franceses llegan a la ciudad
en un coche blindado, 1912

Vista de la Medina, Patrimonio de la Humanidad de la Unesco

"señor del Atlas", actuó como pachá hasta 1956; simpatizante con el Protectorado francés, encandiló a numerosos líderes mundiales y acumuló una importante riqueza.

Independencia y auge

Sin embargo, las crecientes tensiones en el gobierno francés llevaron a la formación del Frente Nacional Marroquí, y en 1952 y 1953 varias manifestaciones antifrancesas fueron reprimidas violentamente. El creciente rechazo a la dominación francesa condujo a la independencia de Marruecos en 1956, tras la firma de una declaración en París que sustituía al Tratado de Fez y reinstauraba al sultán.

Tras la independencia, la ciudad se expandió rápidamente hacia el oeste, con un nuevo y moderno centro que conectaba la Medina con el acomodado barrio de Guéliz. Los años que siguieron trajeron oleadas de visitantes de todo tipo, desde viajeros alternativos atraídos por su ambiente espiritual y su coste de vida económico, hasta diseñadores de moda, estrellas de cine y leyendas de la música como los Beatles y los Rolling

Stones. A ellos se unirían más tarde los turistas, cuyo número se duplicó entre 1965 y 1970, y los inversores extranjeros, que no tardaron en restaurar antiguos palacios en casas de lujo, hoteles y *riads*. En 1985 la Unesco declaró la Medina Patrimonio Mundial de la Humanidad.

Marrakech hoy

La confianza en la ciudad como destino mundial se refleja en el aumento de las inversiones internacionales, con la apertura de nuevos hoteles de cinco estrellas gran lujo y el aumento del turismo tras el paréntesis del COVID-19.

Esta halagüeña perspectiva se vio interrumpida por el catastrófico terremoto que sacudió la ciudad y se cobró 3.000 vidas en 2023. Numerosos enclaves turísticos tuvieron que cerrar, pero a mediados de 2024 muchos habían reabierto tras su rehabilitación. Gracias a un espíritu de optimismo colectivo, el futuro de Marrakech parece prometedor, con nuevos proyectos en desarrollo y el espaldarazo que supone albergar la Copa Mundial de la FIFA de 2030.

TOP 10
EXPERIENCIAS

Esta guía ayuda a organizar el viaje perfecto, tanto para los que visitan Marrakech por primera vez como para los que repiten. Para aprovechar el tiempo al máximo y disfrutar de lo mejor que la Ciudad Roja puede ofrecer, no hay que olvidar añadir estas experiencias a la visita.

1 Perderse en la Medina
Adentrarse en el laberinto de calles de la Medina es como viajar en el tiempo. No hay nada como perderse en este denso dédalo de calles, con vendedores pregonando sus mercancías entre el aroma de ricas especias. Lo mejor es olvidar rutas planificadas y sumergirse en su atractivo caos.

2 Relax en un *riad*
Muchos de los *riads* tradicionales (p. 114), en el pasado las exclusivas casas de la clase acomodada, se han transformado en lujosas y tranquilas casas de huéspedes, con gruesos muros que protegen del bullicio de los zocos cercanos y patios ajardinados que ofrecen un espacio fresco en el que relajarse.

3 Visitar un museo
Con tanta historia por contar, no es de extrañar que Marrakech cuente con una buena oferta de museos. Se puede aprender sobre su pasado en el Museo Bereber Pierre Bergé (p. 39), dedicado a las tribus amazig, o maravillarse ante el intrincado arte marroquí en el Museo Dar el Bacha (p. 45).

4 Admirar su increíble arquitectura
Los distintos pobladores han contribuido a la mezcla arquitectónica de la ciudad. Destacan la mezquita Koutoubia (p. 28), con su esbelto minarete del siglo XII, punto "álgido" del diseño amazig, y las molduras y azulejos *zellij* de la madraza Ben Youssef (p. 34).

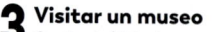

5 Descubrir arte

La ciudad se está convirtiendo en un centro de arte moderno gracias a una nueva oleada de galerías contemporáneas. La Galería David Bloch (*p. 46*) o el MACMA (*p. 46*), con obras de artistas como Jacques Majorelle, exponen arte y grafiti de los nuevos talentos marroquíes.

6 Probar el tangia

Tangia, sinónimo de Marrakech, se refiere tanto al recipiente como al plato. La cazuela de barro se deja sobre brasas durante horas para lograr un guiso de carne que se deshace en la boca. Los puestos de Jemaa el Fna (*p. 22*) lo siguen sirviendo como hace siglos.

7 Comprar en un zoco

Quizá la experiencia más típica de Marrakech sea deambular por los zocos (*p. 26*), con sus bulliciosas callejuelas repletas de puestos que venden alfombras, especias, caftanes, joyas y mucho más. Hay que ir preparado para regatear: un mundo de tesoros espera.

8 Reponerse en un *hammam*

Recorrer Marrakech puede ser agotador. Por suerte, la ciudad ofrece la solución perfecta: el venerado ritual del *hammam*. Las salas de vapor y tratamientos exfoliantes de lugares como Les Bains de Marrakech (*p. 48*) son el remedio ideal para recuperarse.

9 Una noche por Guéliz

La moderna Guéliz se llena de vida al atardecer, gracias a los cocineros internacionales de sus restaurantes de moda y sus populares DJ. Se puede empezar tomando un cóctel en Barometre (*p. 59*) antes de salir a bailar a las terrazas de So Lounge (*p. 90*).

10 Escapada a un oasis

Los cuidados jardines y zonas verdes de la ciudad son una escapada al bullicio de la Medina. Las avenidas arboladas y fuentes de paraísos como Le Jardin Secret (*p. 50*) y Anima Garden (*p. 51*) son un oasis sombreado cuando aprieta el calor.

ITINERARIOS

Visitar la mezquita Koutoubia, pasear por los jardines Majorelle, comprar en los zocos y una amplia oferta para comer, beber o disfrutar de las vistas es lo que ofrecen estos itinerarios de 2 y 4 días que ayudan a aprovechar al máximo la visita a la Ciudad Roja.

2 DÍAS

Día 1

Mañana

Dedica la primera mañana a recorrer la Medina: desde **Bab Doukkala** cruza la plaza que, repleta de vendedores, es un anticipo de lo que te espera en los zocos cercanos (p. 26), donde las callejuelas están llenas de tiendas y artesanos para pasar gran parte de la mañana. Da un paseo por la **Rue Sidi Abdelaziz,** una zona de tiendas de moda, galerías de arte y *hammams*. Pasado el **Palacio Real,** residencia oficial del rey de Marruecos, gira por la Rue du Mouassine, un barrio que se remonta a la dinastía saadí, antes de que muchos aristócratas ricos construyesen en él sus grandiosas residencias durante el siglo XVI. Ahora

☕ **BEBER**
Pikala Café (p. 79), en la Medina, es un centro comunitario con una carta saludable, un amplio espacio social y un negocio de alquiler de bicicletas.

es el momento de dirigirte a **Le Jardin Secret** (p. 50), un bonito palacio en medio de un oasis ajardinado. Frente a los jardines, el **Café Arabe** (p. 79) ofrece comida marroquí-italiana de temporada.

Tarde

Camina hacia el este hasta la **madraza Ben Youssef** (p. 34). Construida por un sultán saadí esta maravilla de la arquitectura islámica fue en su día la mayor del país. Después, da paseo hacia el sur por un laberinto de calles hasta **Jemaa el Fna** (p. 22), la plaza principal de Marrakech. Es un lugar único, impregnado por el olor a zumo de naranja, con vendedores de medicinas tradicionales y animados cuentacuentos amazig. A la vuelta de la esquina espera otra maravilla: la **mezquita Koutoubia** (p. 28). Aunque no se permite la entrada a los no musulmanes, vale la pena admirar su esbelto minarete y escuchar la llamada a la oración. Por la noche, puedes cenar (e incluso bailar) en **Comptoir Darna** (comptoirmarrakech.com), que sirve platos tradicionales como la *pastela*.

Tienda de especias en un zoco de Marrakech

Día 2

Mañana

Comienza el día con un paseo de 20 minutos desde **Jemaa el Fna** hasta el **palacio Bahia** *(p. 32)*, una maravilla del siglo XIX con un extravagante exterior, intrincados mosaicos y patio de mármol (la visita bien merece 2 horas). Cerca está el antiguo barrio judío de Mellah, cuyo nombre deriva de la palabra árabe para sal con la que comerciaban los judíos de la ciudad y que hoy ofrece una tentadora mezcla de zocos de especias, callejuelas adoquinadas, sinagogas y un gran cementerio judío. En el vecino barrio de la Kasbah *(p. 68)* puedes explorar las **tumbas saadíes** *(p. 70)*, un cementerio ajardinado construido en el siglo XVI, y detente en la Cámara de los 12 Pilares, donde están enterrados varios sultanes. Junto a la necrópolis, disfruta de un sencillo almuerzo marroquí en el **Café Clock** *(p. 73)*.

COMPRAR
Frente a los jardines Majorelle, en la Rue Majorelle, una serie de tiendas venden productos marroquíes de calidad creados por artesanos independientes.

Tarde

Por la tarde, toma un taxi hasta Guéliz, en la Ciudad Nueva, para pasear por los jardines Majorelle (ver siguiente itinerario) de camino al cercano **Museo Bereber Pierre Bergé** *(p. 39)*, que expone elegantes trajes tradicionales y joyas amazig. Después de dedicarle un par de horas, toma un taxi hasta el bar **Kabana** *(1 Rue Fatima Zahra)* para disfrutar de un cóctel viendo el atardecer desde su frondosa terraza. A un corto paseo desde aquí está Jemaa el Fna, ideal para degustar la gran selección de platos de los puestos del mercado nocturno *(p. 24)*, como los deliciosos tangia cocinados a fuego lento.

Museo Bereber
Pierre Bergé

Jardines Majorelle

GUÉLIZ

EL MOUKEF

Bab
Doukkala ①

Rue Sidi
Abdelaziz

Palacio Real

Madraza
Ben Youssef

VILLE
NOUVELLE

TAXI

MOUASSINE

Le Jardin
Secret

Café
Árabe

ARSET
EL MESFIOULI

Kabana

Puestos
de tangia

Comptoir
Darna

Mezquita
Koutoubia

Jemaa
el Fna ②

Agdal
Ba Ahmad

Palacio
Bahía

SIDI
MIMOUN

BERRIMA

Tumbas saadíes

KASBAH

0 metros   800

Café Clock

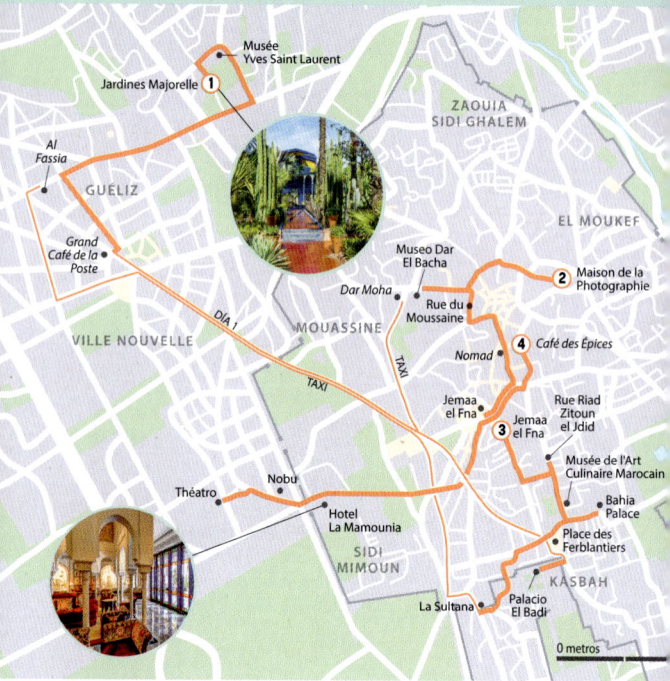

4 DÍAS

Día 1

Levántate pronto para evitar las multitudes (y el calor) y sal a visitar los jardines Majorelle *(p. 38)*, un inmenso oasis ajardinado con esmero durante 40 años que bien merece que le dediques unas horas. El intenso azul Majorelle fue patentado por el creador de los jardines, Jacques Majorelle, y hoy es un color muy apreciado en todo el mundo. Justo al lado se encuentra el **Musée Yves Saint Laurent** *(p. 39)*, con

exposiciones dedicadas a la vida y obra del diseñador de moda franco-argelino (compra con antelación la entrada combinada para los jardines y el museo). Haz una pausa para comer en el emblemático **Grand Café de la Poste** *(p. 85)*, un estupendo bistró francés, famoso por sus ostras frescas. Por la tarde, toma un *petit taxi* hasta el palacio El Badi *(p. 36)*, en la Kasbah; aunque actualmente en ruinas, con un poco de imaginación puedes recrear su antigua excentricidad. Al caer la noche, el pintoresco patio de Moha *(darmoha.ma)*, un antiguo palacio, es ideal para una cena a la luz de las velas.

> **BEBER**
> En el Café des Épices, con vistas a Jemaa el Fna, se puede disfrutar de un té marroquí tradicional hecho con té verde gunpowder y menta fresca, servido con enormes terrones de azúcar.

Día 2

Comienza el día con una visita a la **Maison de la Photographie** *(p. 46)*, que muestra fotografías de Marruecos

VISTAS
El Rooftop Garden del hotel Nobu ofrece vistas panorámicas sobre la ciudad y el Atlas. Se contempla el atardecer desde la terraza de la piscina.

a lo largo de los siglos, la mejor manera de conocer la historia del país. Sal del museo y recorre la **Rue du Moussaine,** una caótica mezcla de zocos artesanales y elegantes *boutiques.* Haz una parada para comer en **Nomad** (*p. 79*), que ofrece unas magníficas vistas de la Medina. Sigue explorando la Medina, y regresa por las callejuelas de los zocos hasta el **Museo Dar el Bacha** (*p. 45*), un palacio del siglo XVIII con una variada selección de objetos culturales. Camina hasta **Jemaa el Fna** y observa cómo la plaza se llena de artistas callejeros al atardecer.

Día 3

Desde Jemaa el Fna, da un paseo de 15 minutos hacia el sur por la **Rue Riad Zitoun el Kdim,** una de las arterias principales entre la Medina y el barrio de la Kasbah. Dedica la mañana a perfeccionar tus habilidades culinarias en el **Musée de l'Art Culinaire Marocain** (*moroccancam.com*), con sus tres plantas dedicadas a la cocina marroquí y clases

diarias sobre los sabrosos secretos de la mezcla de especias y la cocción lenta. Para descansar del ajetreo de los días pasados déjate mimar con un lujoso ritual *hammam* en el cercano *spa* **La Sultana** (*p. 49*) y finaliza la jornada con una cena saludable en Al Fassia, en Guéliz (*p. 85*), un encantador restaurante marroquí regentado por mujeres.

Día 4

En tu última mañana, dirígete a la Medina para almorzar en el **Café des Épices** (*p. 79*) y disfruta del ambiente desde su terraza con vistas a la emblemática Jemaa el Fna. Con las pilas cargadas, da un paseo por las calles bordeadas de cítricos que llevan hasta el **hotel La Mamounia** (*p. 40*; vuelve a pasar por los zocos para comprar recuerdos de última hora), que abrió sus puertas como hotel de lujo en la década de 1920 y en el que puedes disfrutar de una copa en la piscina y relajarte paseando por sus amplios jardines. Finaliza el día brindando con un cóctel y una cena de *sushi* en la terraza del **Nobu** (*p. 116*), seguida de un baile en **Théatro,** en el Hivernage.

Disfrutando del atardecer sobre Jemaa el Fna

TOP 10 MARRAKECH

Arcos de la Medina

LO ESENCIAL DE
MARRAKECH

Marrakech cuenta con algunos lugares que no debes perderte. Descubre en las páginas siguientes por qué cada uno de ellos es una visita obligada.

❶ Jemaa el Fna

❷ Mercado nocturno

❸ Zocos

❹ Mezquita Koutoubia

❺ Muralla y puertas de la ciudad

❻ Palacio Bahia

❼ Madraza Ben Youssef

❽ Palacio El Badi

❾ Jardines Majorelle

❿ Hotel La Mamounia

ZAOUIA
SIDI GHALEM

ROUTE DES REMPARTS

ASSOUEL

RUE ASSOUEL

RIAD
EL AROUS

❼ PLACE
DU MOUKEF

MEDINA

PLACE
BEN SALAH

❸

ESSEBTIYNE

ARSET
EL BARAKA

❷
❶

DOUAR
GRAOUA

ARSET
EL MESFIOULI

Place
Foucault

RUE RIAD ZITOUN EL KDIM

JNANE
BEN CHAGRA

❻

ARSET
MOULAY
MOUSSA

PL DES
FERBLANTIERS

D MIMOUN

❽

BERRIMA

0 metros   500

JEMAA EL FNA

📍 J3 🕌 Medina

La plaza central de la Medina, que significa Asamblea de los Muertos, hace referencia al tiempo en que se exhibían aquí las cabezas de los rebeldes y los criminales clavadas en postes. Hoy esta plaza de la Medina sigue siendo el centro neurálgico de Marrakech donde se pueden contemplar magníficos espectáculos de acróbatas, cuentacuentos y aguadores de colorido atuendo.

1 Puestos de zumo de naranja

Los vendedores de zumo de naranja recién exprimido, con coloridos carritos, son los primeros en aparecer en la plaza cada mañana.

CONSEJO TOP 10

Los encantadores de serpientes suelen cobrar por sostener al reptil.

2 Porteadores

Jemaa el Fna está cerrada al tráfico, de modo que son los porteadores *(carroser)* quienes se encargan de transportar el equipaje de los visitantes en un carro hasta los *riads*, casas de huéspedes u hoteles por una pequeña propina.

3 Puestos de hierbas y plantas

Al fondo de la plaza, cerca de los zocos, hay algunos puestos que venden variedad de plantas y manojos de hierbas. A veces pasan desapercibidos, pero añaden un toque verde a Jemaa el Fna.

4 Acróbatas

Una serie de acróbatas realizan espectaculares acrobacias para entretener a la audiencia y ganar unas monedas. Su repertorio incluye volteretas, saltos mortales y pirámides humanas.

5 Herbolarios

Su presencia confirma la confianza de los marroquíes en los remedios naturales. Raíces, hierbas y distintos productos naturales pueden combinarse para curar resfriados o incluso mantener a raya el mal de ojo.

Jemaa el Fna, la plaza principal de Marrakech

6 Adivinas
Durante todo el día, pero sobre todo a última hora de la tarde, se puede ver a adivinas que, sentadas bajo sus sombrillas, leen las cartas del tarot a los transeúntes.

7 Café de France
K3 0524 44 23 99 7.00-23.00 diario
Hay muy buenos establecimientos que permiten sentarse ante un café y observar la frenética actividad de la plaza, pero

el aire distendido del Café de France lo hace irresistible a turistas y locales por igual.

8 Música
A cualquier hora del día o la noche es fácil oír música en la plaza. Los más populares son los músicos gnawa (p. 25).

9 Puestos de frutas y frutos secos
Cerca de los puestos de zumo de naranja hay quien vende nueces y frutos secos al peso. Dátiles, higos y nueces son algunos cultivos marroquíes en venta aquí.

10 Aguadores
Conocidos como *gerrab*, los tradicionales aguadores recorren la plaza con sus coloridos atuendos y sombreros con borlas mientras tañen campanas de bronce a su

paso. Los cuencos de latón son para los musulmanes y los de metal blanco para cualquiera. El agua puede dar dolor de estómago a los visitantes.

> **VISTAS**
> Muchos cafés situados alrededor de Jemaa el Fna tienen terrazas con fabulosas vistas de la plaza, ideales para observar el ambiente.

UNA OBRA MAESTRA IMPROVISADA

Jemaa el Fna figura en la lista internacional de Obras Maestras de Patrimonio Oral e Inmaterial de la Unesco. En ella se incluyen obras culturales como canciones, tradiciones teatrales y espacios sagrados. Su inclusión en esta lista tiene como finalidad preservar su carácter único e irremplazable.

Desde la derecha, en sentido a las agujas del reloj **Puesto de frutos secos; aguador tradicional; terraza con vistas a la plaza**

MERCADO NOCTURNO

📍 J3

Cada noche, al ponerse el sol, la gente acude a las parrillas de carbón y cocinas al aire libre del mercado nocturno, en el lado este de Jemaa el Fna, famoso por su enorme variedad de platos marroquíes. A medida que el aire se va llenando del aroma de las especias, la plaza se abarrota de músicos, bailarines y cuentacuentos que atraen a una multitud entusiasta hasta altas horas de la noche.

1 Carretas khunjul
Por la noche se instalan en la plaza carros con grandes teteras de bronce hasta arriba de té caliente con especias. Se dice que lo cura todo; hay que probar una taza.

2 Músicos
Músicos y grupos de gnawa, especializados en ritmos hipnotizantes y melodías encantadoras, contagian el ritmo a su público, que se queda viéndolos en la plaza hasta tarde, cuando ya no queda nadie.

3 Paseo
Cuando empieza a ponerse el sol, muchos visitantes dan un paseo por la plaza y la Rue Bab Agnaou para empaparse del ambiente.

4 Comida callejera
Los ingredientes llegan frescos al mercado todas las noches y se transforman en una amplia variedad de platos tradicionales ante los ojos de los clientes.

COMER
Para los que quieran una opción distinta a los puestos de comida, Argana, en el lado norte de la plaza, sirve pizzas, pastas y ensaladas.

5 Sabores locales
Algunos de los platos más populares son las brochetas a la parrilla (de pollo y cordero), servidas

on tazones de sopa, salchichas de *merguez* picantes, pescado a la brasa y cuencos de garbanzos hervidos. Los más aventureros pueden probar el guiso de caracoles.

6 Le Grand Balcon du Café Glacier

☎ 0524 44 21 93
🕐 6.00-22.30 diario

Uno de los mejores lugares para observar el espectáculo que ofrece el mercado nocturno es la evocadora terraza de la azotea de Le Grand Balcon du Café Glacier, con magníficas vistas al atardecer.

7 Cuentacuentos

Estos excelentes narradores entretienen

Los puestos del mercado nocturno

Puesto de comida local en el mercado

con historias de héroes islámicos. Las sesiones son en árabe y muchas veces se revela el final del relato la noche siguiente.

8 Entretenimiento

En torno a magos, artistas variopintos y adivinas se agolpan espectadores asombrados. Aquí es donde se exhibe la fe marroquí en la magia cotidiana.

9 Compras

Es habitual dar una vuelta para ver toda la

oferta y tan solo señalar lo que se quiere. Los precios vienen marcados y todo es barato.

10 Pinturas de henna

Hay mujeres que pintan manos y pies con complicados diseños. Hay que tener en cuenta que a veces es de mala calidad y puede causar problemas en la piel. El cercano Marrakech Henna Art Cafe *(p. 73)* ofrece productos fiables.

LOS GNAWA

Los gnawa llegaron a Marruecos procedentes del África subsahariana. A lo largo de los siglos han preservado su cultura a través de la tradición oral y, en especial, a través de su música, interpretada con instrumentos de cuerda llamados *gimbri*. Su ritmo repetitivo, pretende inducir un estado de trance a los bailarines y cantantes.

ZOCOS

📍 K2

Los primeros habitantes de Marrakech vivían del trueque. Del sur obtenían oro y marfil, mientras ellos proporcionaban al norte piezas de cuero, metal y cerámica. El comercio es aún el principal motor económico de la ciudad, y miles de artesanos se ganan la vida en la maraña de zocos que ocupan casi toda la mitad norte de la Medina. Aquí se vende todo tipo de baratijas y tesoros.

Especias a la venta en Rahba Kedima

1 Rahba Kedima
Esta plaza abierta cobija a los vendedores de hierbas y remedios tradicionales. También se encuentran otras cosas, pero a veces solo se exhiben.

2 Zoco Cherifia
Este mercado de tres alturas (p. 78) dentro de los zocos, es el mejor lugar para encontrar las cosas más curiosas entre las numerosas y poco convencionales *boutiques* de diseñadores con ropa, bolsos, joyas y accesorios hechos a mano.

3 Zoco El Kebir
A continuación de la Rue Semmarine se halla el corazón de los zocos, un callejón estrecho, sinuoso e irregular, flanqueado por tiendas diminutas llenas de mercancía, sobre todo de cuero.

 BEBER
El Café Arabe (p. 79), cerca del Souk des Teinturiers, y el Café des Épices (p. 79), en Rahba Kedima, son ideales para darse un respiro.

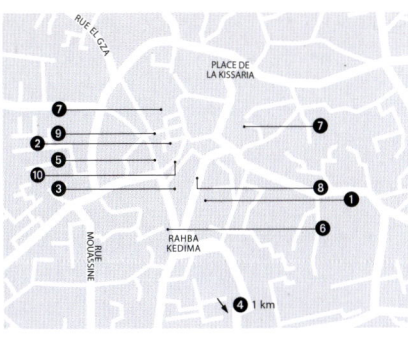

CONSEJO TOP 10

Si se tiene poco tiempo, es útil una visita guiada por los zocos.

4 Zoco El Bab Salaam

Este mercado cubierto suministra al vecino Mellah toda suerte de mercancías, desde comida hasta aves.

5 Souk des Teinturiers

Las madejas de lana recién teñida se tienden en cuerdas a lo largo del callejón (p. 75) y ofrecen un colorido espectáculo.

6 Rue Semmarine

La principal vía de acceso a los zocos es este concurrido callejón al que se llega cruzando un arco situado al norte de Jemaa el Fna. Los comerciantes de Semmarine ofrecen a los visitantes gran variedad de túnicas, caftanes, alfombras y antigüedades únicas.

7 Fondacs

Estas antiguas hospederías con un patio central albergan ahora en su mayoría talleres de artesanos o comercios.

8 Souk des Tapis

Este es el centro del comercio de alfombras en la ciudad. Hay mucha variedad a la venta.

Uno de los numerosos zocos

9 Souk des Ferronniers

El repiqueteo de los martillos resuena en esta parte medieval de la Medina donde los trabajadores del metal crean muebles, faroles y otros objetos de decoración.

10 Souk des Babouches

Aquí las tiendas y puestos venden únicamente babuchas de cuero acabadas en punta y teñidas de brillantes colores. Los precios pueden variar desde 60 Dh hasta 400 Dh, dependiendo del grosor de la suela, decoración y de si incluyen tacón.

Alfombras tejidas a mano en un zoco

MEZQUITA KOUTOUBIA

📍 H4 🏠 Ave Bab Jedid, Medina

Su alminar decorado con motivos florales, emblema de la ciudad, se eleva sobre el resto de edificios y es lo primero que divisa el viajero desde la distancia. La mezquita es el principal centro de culto, además de una de las estructuras más antiguas de Marrakech. Aunque no se permite el acceso a los no musulmanes, los jardines cercanos están abiertos a todo el que quiera conocerlos.

1 Koubba Lalla Zohra

Este mausoleo blanco da cobijo al cuerpo de Lalla Zohra, que dedicó su vida a la fe y se la considera una santa por su devoción.

2 Mezquita de los Libreros

La Koutoubia data de 1158. Su nombre significa mezquita de los Libreros y hace referencia a un antiguo mercado.

Alminar de la mezquita Koutoubia

CONSEJO TOP 10

Desde la puerta de la fachada este se puede ver la sala de oración.

3 Alminar

Desde esta estructura el almuédano llama a la oración. El elevado alminar de la Koutoubia tiene una rampa en espiral lo suficientemente ancha como para poder subir hasta arriba a caballo.

4 Decoración del alminar

El alminar estaba revestido de azulejos y estucados, pero ahora solo conserva dos bandas de cerámica azul.

5 Jardín de la Koutoubia

Al sur de la mezquita hay un jardín de palmeras y árboles de hoja caduca, setos podados y coloridos rosales.

Desde la derecha, en sentido a las agujas del reloj
Decoración del exterior del alminar; ruinas de la mezquita almohade; tumba de Lalla Zohra; jardín de la Koutoubia

6 Planta de la mezquita

La mezquita presenta una planta rectangular. La entrada principal da paso a una sala de oraciones con ocho naves y arcos de herradura. Al norte de la sala de oraciones hay un patio de 45 m de ancho con una fuente de ablución y árboles.

7 Dar El Hajar

En la plaza hay dos pozos que permiten ver las ruinas enterradas de Dar el Hajar (Casa de Piedra), una antigua fortaleza almorávide.

VISTAS
El restaurante Kabana *(1 Rue Fatima Zahra)* permite disfrutar de la gastronomía local con vistas del alminar.

8 Horario de oraciones

El horario varía según la estación del año, pero hay cinco llamadas al día que coinciden con el alba, el mediodía, la tarde, la puesta de sol y la noche. Las oraciones más importantes de la semana son las del mediodía del viernes.

9 Tumba de Youssef Ben Tachfine

Al norte de la mezquita hay una zona amurallada con el mausoleo de Youssef Ben Tachfine (1009-1106), líder tribal de los almorávides, a quien se atribuye la fundación de Marrakech.

10 Ruinas de la mezquita almohade

Junto a la Koutoubia yacen los restos de una mezquita construida en torno a 1147. Detrás de una verja se distinguen las basas de las columnas de la antigua sala de oraciones. La mezquita fue descubierta durante unas excavaciones.

URBANISMO Y BUEN GUSTO

El dominio del alminar de la Koutoubia en el paisaje urbano se debe a la legislación urbanística impuesta por el Protectorado francés, que sigue en vigor actualmente; la torre, que tiene 70 m de altura, obedece las proporciones canónicas de la arquitectura almohade (su altura es cinco veces su anchura).

MURALLA Y PUERTAS DE LA CIUDAD

La muralla de la ciudad data de la década de 1120 cuando, ante la amenaza de los almohades del sur, el sultán almorávide Ali Ben Youssef rodeó la plaza de fortificaciones. Construida con tapial, sus muros rosados deben su color a los ladrillos de tierra utilizados. Con unas 200 torres vigía y una serie de 20 puertas de casi 9 m de altura, su estructura sigue prácticamente inalterada.

1 Bab Berrima

Además de servir como defensa, las murallas y puertas también dividen la Medina en su interior. Así, existía una muralla que separaba la kasba del resto de la ciudad. Bab Berrima era una de las puertas que comunicaba ambas zonas. Esta puerta conduce a los principales zocos de la Medina.

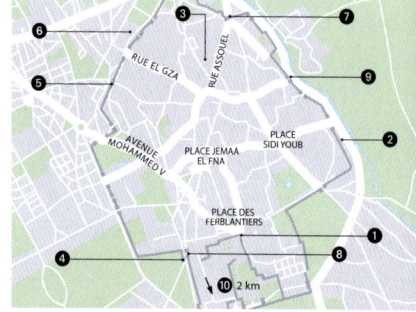

2 Tapial

La muralla está construida con una mezcla de barro, paja y cal (conocida como tapial) que al secarse adquiere la misma dureza que el ladrillo. Debe su color rojizo a la pigmentación de la tierra.

3 Bab Taghazout

En el borde septentrional de la Medina, esta *bab* (puerta) está cerca de la mezquita Zaouia de Sidi bel Abbès, un complejo en torno al santuario de uno de los santos de la ciudad.

4 Bab er Robb

Esta era la puerta sur original de la ciudad. La garita alberga ahora una tienda de cerámica y el tráfico peatonal y rodado circula por un paso moderno abierto en la antigua muralla. Su nombre se traduce como la "puerta del señor".

5 Bab Doukkala

Construida por los almorávides en el siglo XII, esta fabulosa puerta era la entrada noroccidental de la ciudad. Ahora se alza aislada de la muralla tras las reformas urbanísticas emprendidas en el siglo XX. Las oscuras estancias del interior son perfectas para eventos.

La muralla rosada de la Medina

La monumental puerta de piedra tallada Bab Agnaou

6 Place des 7 Saints

En el exterior de la parte norte de la muralla se elevan siete torres de piedra, coronadas por un árbol. Este enorme conjunto arquitectónico homenajea a los siete santos de Marrakech.

7 Bab El Khemis

La puerta más septentrional es también la más ornamentada, con un arco de mocárabes sobre la entrada. Los jueves de 8.00 a 12.00 tiene lugar aquí un animado mercadillo.

8 Bab Agnaou

La puerta de los gnawa, la más bonita de la ciudad, es la única realizada con piedra. Fue erigida bajo el reinado del sultán almohade Yacoub el Mansour en el siglo XII. A pesar de que ya no conserva las torres, su fachada tallada sigue impresionando.

9 Bab Debbagh

La puerta da paso a las curtidurías y, cuando está abierta, se puede acceder al tejado de la garita por una escalera interior para disfrutar de una bonita panorámica de la ciudad (no siempre está abierta a las visitas; es necesario un permiso).

10 Dar El Haoura

Al oeste de los jardines Agdal, esta curiosa fortaleza exenta sirvió de guarnición de la caballería. Su gran rampa para los caballos sigue intacta.

LA CIUDAD ROJA

Marrakech debe su característica coloración a los pigmentos presentes en la tierra local, con la que se fabrica el tapial empleado en la construcción de edificios. La incorporación de materiales como el cemento hacía peligrar esta peculiaridad y el Protectorado francés decretó que todos los edificios se pintaran de tonos rosáceos. La ley sigue hoy vigente con excelentes resultados.

PALACIO BAHIA

📍 K5 🏠 5 Rue Riad Zitoun el Jdid 🕐 9.00–17.00 diario 🌐 bahia-palace.com ↗

El decimonónico palacio Bahia, que significa "palacio de la Favorita" o "palacio de la Hermosa", fue construido por Si Moussa, visir del sultán Sidi Mohammed ben Abderrahman, y su hijo Ba Ahmed, visir de Moulay Abdelazis. El palacio tiene dos partes: la más antigua contiene los apartamentos y la más moderna, las lujosas estancias. Solo una pequeña sección del palacio está abierta al público.

1 Patio de honor
Este patio de 1.500 m² ocupa el corazón del palacio. Está pavimentado con mármol de Carrara y azulejos *zellij*, tiene tres fuentes con cazoletas en el centro.

2 Jardín andaluz
Diseñado con estilo andaluz, este jardín se divide en cuatro partes, con unas separaciones que descomponen sus cuadrantes. Las plantas se distribuyen por tamaños, las más pequeñas cerca del paseo y las mayores, en la parte trasera. En el centro hay una fuente.

3 Plano del palacio
Se aprecia la influencia de diferentes estilos arquitectónicos, desde el andalusí cerca de la entrada hasta el persa, más en el interior, ya que se construyó por etapas a lo largo de muchos años.

4 Escuela de la mezquita
En el interior hay una escuela coránica, que también fue mezquita, donde estudiaban los niños que vivían en el palacio.

Jardín de estilo andaluz

BEBER
En la esquina noroeste de la Place des Ferblantiers hay puestos de bebidas frías para reponerse de la visita al enorme palacio.

Patio pavimentado de azulejos *zellij*

7 Pequeño *riad*

Esta zona alberga el jardín andaluz y un pequeño edificio que recuerda a una medina tradicional. Dentro está la majestuosa cámara del Consejo.

5 Gran *riad*

En el extremo septentrional del patio de Honor está el gran *riad*, que era el palacio original de Si Moussa. Tiene una zona de alcobas y un comedor privado. Se cree que el palacio Bahia fue el primer edificio del norte de África que tuvo decoración de vidrieras.

6 Alcobas de las esposas

Según la ley islámica, todas las esposas deben recibir idéntico trato. Por eso los cuatro dormitorios construidos para las esposas del sultán tienen exactamente las mismas dimensiones y están cubiertos con techos de cedro.

8 Puertas y ventanas

Vale la pena dedicarse a admirar las puertas y ventanas del palacio. Las arquerías de las puertas están talladas en yeso o en madera. Las ventanas tienen una mezcla de cristal y vidrieras, materia prima importada de Irak.

9 Cámara del Consejo

Esta espléndida sala con infinidad de estucados y molduras en madera era la cámara del Consejo de Ba Ahmed. También tiene una chimenea taraceada con azulejos *zellij*.

10 Techos de madera pintada

Los techos de madera de cedro minuciosamente pintados son uno de los elementos más singulares del palacio. Para pintarlos se utilizaron tintes naturales elaborados a base de azafrán o henna y los dibujos recuerdan a los de las alfombras.

Espectaculares techos de madera pintados

MADRAZA BEN YOUSSEF

◉ K2 ⌂ Place Ben Youssef, Medina ◷ 9.00-18.00 diario
ⓦ medersabenyoussef.ma ⬀

Esta madraza es sin duda uno de sus edificios más imponentes de la ciudad y uno de los pocos lugares religiosos abiertos a los no musulmanes. Fundada en el siglo XIV, fue restaurada y ampliada por el sultán saadí Moulay Abdellah hacia 1565. Aquí se exhiben los espléndidos detalles decorativos que caracterizan el culmen de la arquitectura marroquí.

1 Fuente de las abluciones
Un largo corredor da paso a un amplio patio. A la izquierda hay una fuente de mármol tallada con motivos de estilo andalusí.

2 Dar Bellarj
Al norte de la entrada de la madraza, el antiguo hospital de cigüeñas Dar Bellarj (casa de las Cigüeñas)

alberga un bonito centro cultural con exposiciones temporales.

3 Celdas de estudiantes
Dispuestas en dos alturas alrededor del patio central, estas 130 diminutas estancias alojaron cerca de 900 estudiantes musulmanes antes de que la madraza cerrara en la década de 1960.

4 Fuente Chrob ou Chouf
Un poco al norte desde la madraza, esta elegante fuente descansa bajo un friso de cedro caligrafiado. Es una reliquia de los tiempos en que se consideraba una buena obra proporcionar una fuente pública de agua potable limpia. Su nombre significa "bebe y mira", que implica que se puede admirar su belleza mientras se bebe de ella.

Desde abajo, en sentido a las agujas del reloj
Celda de estudiante; columnas de mármol de la sala de oraciones; azulejos *zellij* del patio; intrincada techumbre de yeserías

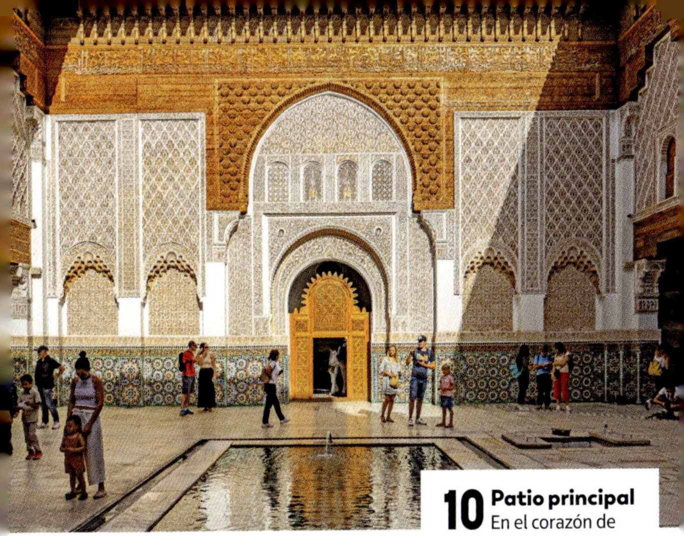

La espectacular azulejería del patio principal

5 Estucados

Los paneles de escayola que revisten los muros sobre el alicatado están tallados con inscripciones y dibujos geométricos. El islam prohíbe reproducir figuras de animales o humanas.

6 Sala de oraciones

Esta sala decorada ostenta una cúpula octogonal de madera, que descansa sobre tres columnas de mármol. Los estucados de las paredes presentan originales motivos en forma de palmera y algo de caligrafía coránica. La estancia está bien iluminada por ventanas.

7 Función de la madraza

Las madrazas eran escuelas coránicas a las que los alumnos acudían para estudiar con detalle los textos del Corán, que posteriormente se discutían con los imanes o líderes religiosos.

8 Alicatado

La sección inferior del muro del patio presenta un alicatado *zellij* (azulejo) donde se repite el motivo de la estrella de ocho puntas. Sobre este hay un friso de estilizada caligrafía coránica entretejida con arabescos.

9 Rue du Souk des Fassis

Este sinuoso callejón al este de la madraza está flanqueado por fondacs restaurados y antiguas pensiones. Una de ellas es ahora un restaurante, Le Foundouk.

10 Patio principal

En el corazón de la madraza se abre un luminoso patio porticado en dos de sus lados, con una alberca rectangular en el centro y una sala de oraciones. Rodeado de elegantes galerías, el patio está decorado con motivos geométricos e inscripciones en árabe sobre madera y mármol.

MEZQUITA BEN YOUSSEF

En sus orígenes, la madraza formaba parte del complejo de la cercana mezquita almorávide que fundó Ali Ben Youssef durante su reinado (1106-1142). La mezquita fue durante siglos el principal lugar de culto de la Medina y, junto con la madraza, se constituyó como uno de los más importantes núcleos de la religión islámica de Marruecos.

PALACIO EL BADI

⊕ K5 ⌂ Place des Ferblantiers, Medina ⊙ 9.00–17.00 diario ⚑

Terminado en 1603, se dice que era uno de los palacios más majestuosos jamás construidos, con paredes y techos decorados con oro. Los suelos estaban pavimentados con mármol y *zellij*, y tenía un estanque con una isla flanqueada por cuatro jardines. Este excéntrico capricho sobrevivió hasta que, un siglo después, un nuevo sultán lo expolió por completo. Solo se conservan restos de adobe.

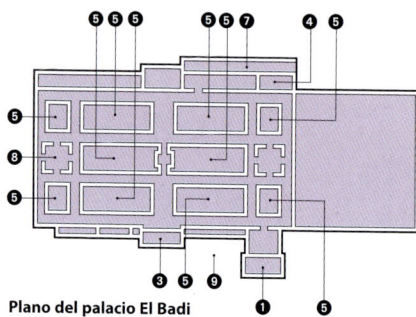

Plano del palacio El Badi

1 Almimbar
Un anejo en la esquina sureste exhibe el almimbar del siglo XII de la mezquita Koutoubia. Esta pieza extraordinariamente tallada es una obra maestra del arte islámico español.

2 Cigüeñas
Los deteriorados muros atraen a multitud de cigüeñas que construyen aquí sus nidos.

Los amazigis las consideran aves sagradas porque una vieja creencia afirma que se trata de seres humanos transformados.

3 Pabellón Khaysuran
Al norte del gran patio y el antiguo harén, ahora sirve de sala de exposiciones para exhibir la obra de artistas locales y expatriados.

4 Azotea
En la esquina noreste se conserva la única torre intacta. Una escalera interior da paso a la azotea, desde donde se puede ver el inmenso tamaño del complejo.

Nido de cigüeña en un muro del palacio

5 Estanques y jardines
El patio central del palacio aparece dominado por cinco estanques y cuatro jardines en los que hay varios naranjos. El estanque central cuenta con una isla que acoge en julio el Festival de Arte Popular y también algunos eventos del Festival Internacional de Cine (p. 46).

6 Sultán Ahmed el Mansour
El palacio fue erigido por El Mansour, quien accedió al sultanato tras derrotar a los portugueses en la batalla de los Tres Reyes (1578). La riqueza acumulada por los rescates de los presos portugueses se invirtió en la construcción del palacio.

CONSEJO TOP 10

En verano, el palacio es una sede del festival cómico Marrakech du Rire.

Suelo de azulejos de la garita

7 Garita

Dos altos muros flanquean la entrada original al palacio. Una vez completada la garita se le añadió una inscripción que alababa las maravillas del palacio. Ahora está en ruinas y la entrada al complejo se realiza por las deterioradas murallas.

8 Pabellón de las 50 Columnas

Las ruinas que flanquean el patio fueron probablemente pabellones de verano. El Koubba el Khamsiniya, en el extremo oeste, debe su nombre a las 50 columnas con las que lo construyeron.

9 Pasadizos subterráneos

Junto al edificio anejo hay un camino que desciende a los antiguos establos y mazmorras, con cuatro celdas. Los túneles también eran utilizados por el servicio para cumplir sus tareas sin ser vistos. Estas cámaras, escasamente iluminadas, aún están abiertas al público.

10 Un siniestro augurio

En un banquete tras el fin de las obras un invitado declaró: "Será una bonita ruina", predicción que se ha cumplido.

Patio con estanques y jardines

JARDINES MAJORELLE

⚲ C4 ⌂ Rue Yves Saint Laurent, Guéliz ⊙ 9.00-18.00 diario
ⓦ jardinmajorelle.com ↗

El más famoso de los numerosos jardines de Marrakech, es el legado del expatriado pintor francés Jacques Majorelle. Abiertos al público en 1947, los jardines permanecieron abandonados hasta 1980, cuando fueron rescatados por los socios y magnates de la moda Yves Saint Laurent y Pierre Bergé.

1 Plantas
Un precioso bosque de bambú y un árido jardín de cactos con especies de todo el mundo comparten espacio en el jardín. Lo más sorprendente son los arbustos de buganvilla fucsia y morada.

2 Estanques y fuentes
El jardín tiene una fuente y dos grandes *bassins* o estanques; el más pequeño está alimentado por un canal. Junto al museo hay un tercer estanque con carpas doradas.

3 Tienda
En la esquina noreste hay una pequeña tienda con una selección de piezas de artesanía local de calidad, como ropa, joyas, bolsos, sandalias y bonitos cuadernos de cuero. Sin embargo, se echa de menos más información sobre Majorelle y sus jardines.

4 Monumento a Yves Saint Laurent
El diseñador, que murió en 2008, es recordado con una columna romana, traída de su casa de Tánger, situada sobre una base rojiza. Sus cenizas se esparcieron por los jardines.

Bosque de bambú de los jardines

El intenso azul *majorelle* de la villa *art déco*

7 Azul *majorelle*
El nombre de *majorelle* viene de un tono electrizante de azul cobalto, conocido como "azul *majorelle*", que se utiliza en el jardín.

8 Galerie Love
En esta galería se exponen los carteles "LOVE" de Yves Saint Laurent, que se envían todos los años a amigos y clientes para felicitar el Año Nuevo.

9 Musée Yves Saint Laurent
🕐 10.00-18.00 ju-ma
🌐 museeyslmarrakech.com 🔗
Situado al lado de los jardines Majorelle, este moderno museo especialmente diseñado exhibe algunos de los atuendos más famosos del modisto francés. También tiene un centro de arte y un auditorio.

YVES SAINT LAURENT (1936-2008)

El diseñador francés visitó la ciudad por primera vez en 1962, y a finales de esta década se trasladó a una villa próxima a los jardines Majorelle, que adquirió para evitar que se convirtieran en un complejo de apartamentos. Tras su muerte se colocó una columna conmemorativa en los jardines. A finales de 2017 se inauguró el Musée Yves Saint Laurent en su honor.

10 Museo Bereber Pierre Bergé
El jardín-villa-estudio de Jacques Majorelle es ahora un museo dedicado al pueblo amazig. Más de 600 objetos ilustran aspectos de su cultura.

☕ BEBER
En el jardín hay un agradable café que ofrece estupendos desayunos y almuerzos, además de variedad de bebidas refrescantes.

5 Jacques Majorelle
El artista francés Jacques Majorelle (1886-1962) viajó a Marruecos en 1917 para recuperarse de una enfermedad coronaria. Enseguida captó el potencial pictórico del sur de Marruecos y se enamoró del lugar.

6 Obra pictórica de Majorelle
La primera sala del museo exhibe una colección de litografías de varias kasbas del Atlas. Entre las obras más relevantes de Majorelle destacan los carteles turísticos que ideó para Marruecos.

Visitantes en el Musée Yves Saint Laurent

HOTEL LA MAMOUNIA

📍 H5   🏠 Ave Bab Jedid, Medina   🌐 mamounia.com

Desde que abrió sus puertas al público en 1923, La Mamounia, uno de los hoteles más legendarios del mundo, ha contado con insignes huéspedes. Se construyó en el siglo XIX como palacio del príncipe heredero de Marruecos, pero los franceses lo convirtieron en un hotel para la compañía de ferrocarriles. Ocupa 7 hectáreas de magníficos jardines rodeados por las murallas ocres de la ciudad, del siglo XII.

Jardines de estilo europeo del hotel

1 Los jardines

Los extensos jardines formales de corte europeo se crearon para el príncipe Al Mamoun antes de que se construyera el hotel. Varios senderos bordeados de cítricos, rosales y centenarios olivos discurren entre estanques y parterres hasta un pabellón central. Los jardines están abiertos al público.

> 🛍 **COMPRAR**
> En la Boutique Mamounia se pueden comprar joyas, moda y fragancias elaboradas con cítricos recolectados de los jardines del hotel.

2 Los arquitectos

Los arquitectos franceses Henri Prost y Antoine Marchisio de La Mamounia fusionaron *art déco* con motivos tradicionales marroquíes. En 1986, se realizó una reforma que corrió a cargo de los diseñadores de los palacios reales de Marruecos, que cambiaron el carácter del edificio.

3 La araña del centenario

Conocida como la Joya de la Grande Dame, esta deslumbrante araña es la pieza central del vestíbulo. Encargada en 2023 para conmemorar el centenario de La Mamounia, simula dos collares tradicionales amazig.

4 Huéspedes famosos

Desde la década de 1950 el hotel ha acogido a numerosas personalidades de la política y el espectáculo. El británico Winston Churchill, los presidentes estadounidenses Franklin D. Roosevelt, Ronald Reagan y Bill Clinton o el presidente sudafricano Nelson Mandela se han alojado aquí, al igual que estrellas del cine francés y de Hollywood como Charlie Chaplin, Francis Ford Coppola, Nicole Kidman y Kate Winslet.

5 Las habitaciones

La mayoría de las habitaciones de este hotel han sido lujosamente restauradas en madera y cuero en tonos cálidos marroquíes.

6 Las suites

La más famosa de sus *suites* es la que lleva el nombre de Winston Churchill. La decoración y mobiliario, como los sillones de tela escocesa,

Patio central de La Mamounia

vocan esa época.
También incluye objetos
personales, como su
pipa.

7 Churchill Bar

"Este es un lugar
maravilloso y el hotel
uno de los mejores en los
que he estado" fueron
las palabras que empleó
Churchill en una carta a
su esposa, Clementine,
para describir el hotel y
la ciudad que adoraba.
El bar, que lleva su
nombre, está instalado
en un lujoso vagón
Pullman que rinde
homenaje al pasado
ferroviario del hotel.

8 Obra pictórica de Churchill

Churchill se sentía
tan en casa en el
hotel que a menudo
pintaba por las tardes.
El hotel expone dos de
sus obras.

9 Techo de Majorelle

Winston Churchill
conoció al pintor Jacques
Majorelle en el invierno
de 1946, durante una de
sus muchas estancias en
La Mamounia. El político
convenció a la dirección
del hotel de que le
encargara un mural,
que ahora decora el
techo del vestíbulo.
Hoy el francés es
conocido por su obra
maestra, los jardines
Majorelle *(p. 38)*.

**Disfrutando de una copa
en el Churchill Bar**

10 *El hombre que sabía demasiado*

Varias escenas de esta
película de Alfred
Hitchcock, protagonizada
en 1956 por James
Stewart y Doris Day, se
rodaron en el hotel, así
como en otras localizacio-
nes de la ciudad.

CONSEJO TOP 10

El hotel deniega la
entrada a los
visitantes que
vistan de manera
informal.

LO MEJOR DE MARRAKECH

Jardines Majorell

ARQUITECTURA MARROQUÍ

1 Estuco
Este elemento decorativo de la arquitectura marroquí se puede utilizar para cubrir paredes enteras formando fabulosos diseños. Los artesanos esculpen el estuco mientras todavía está húmedo: primero crean el dibujo sobre la superficie y luego lo tallan con cincel y martillo.

2 Orificios
Los numerosos orificios que llenan las fachadas de la ciudad son la huella de los andamios de madera que se emplean para levantar las paredes.

3 Estucado tadelakt
Conocido por su propiedad impermeble, esta técnica tradicional se empleaba principalmente en los *hammams* por su resistencia al calor y la humedad. Las paredes se revisten con una cal especial que, una vez seca, se pule con piedras lisas. Luego se recubre de clara de huevo y se vuelve a pulir con el jabón negro local elaborado con aceite de oliva, para obtener una superficie con aspecto parecido al cuero y una terminación satinada.

4 Madera tallada
Algunos diseños se utilizan tanto en la escayola como en la madera, decorando esta última con caligrafía árabe, la lengua sagrada en la que le fue revelado el Corán al profeta Mahoma. Las inscripciones son de naturaleza religiosa y siempre alaban la gloria de Alá. En ambas su función es tanto decorativa como informativa.

5 Fuentes
Las fuentes y estanques son necesarios para las abluciones rituales que preceden a la oración. En las zonas áridas es un acto de caridad proporcionar agua potable al sediento.

6 Patios
Uno de los rasgos distintivos de la arquitectura islámica es la preponderancia del espacio interior sobre el exterior, que normalmente no tiene ventanas. En los patios las mujeres pueden disfrutar al aire libre sin tener que cubrirse.

Patio del palacio El Badi

Colorido alicatado *zellij* con motivos geométricos

7 Alicatado *zellij*

Uno de los rasgos más llamativos de la arquitectura marroquí es el empleo de teselas multicolores que forman complejos dibujos geométricos. La técnica, conocida como *zellij*, se sirve de grandes azulejos cuadrados que luego se cortan manualmente en pedazos más pequeños. Aunque suelen utilizarse formas y tamaños convencionales, existen hasta 360 tipos diferentes de piezas.

8 Alminares de planta cuadrada

La planta cuadrada de los alminares marroquíes responde a la influencia de los omeyas de la España musulmana, procedentes de Siria. En Oriente Próximo este diseño es casi exclusivo de los sirios, quienes probablemente lo copiaron de las torres de las iglesias cristianas.

9 Tapial

El material básico de construcción es el tapial, una mezcla de tierra húmeda con paja y grava que se compacta entre planchas y se endurece con cal. Estas tapias pueden desmoronarse con la lluvia si no están bien mezcladas, como puede observarse en los edificios semiderruidos que pueblan el sur de Marruecos.

10 Arcos de herradura

Estos arcos se caracterizan por prolongar su curvatura más allá del medio punto, imitando la forma de una herradura o el hueco de una cerradura. Este diseño se utilizó principalmente en la España musulmana y en el norte de África.

TOP 10
EDIFICIOS HISTÓRICOS

1. Museo Dar Si Said
K4
Este edificio del siglo XIX alberga el museo de artes decorativas. Temporalmente cerrado por restauración tras el terremoto de 2023.

2. Mezquita Koutoubia
Posee el alminar más grande y alto de Marrakech *(p. 28)*.

3. Palacio El Badi
Sus muros de tapial *(p. 36)* están muy deteriorados y repletos de orificios.

4. Palacio Bahia
Este palacio del siglo XIX *(p. 32)* está decorado con alicatados *zellij*.

5. Madraza Ben Youssef
El edificio *(p. 34)* exhibe una variedad de elementos decorativos, incluidos delicados *zellij*.

6. Hotel La Mamounia
Construido en 1923, es famoso por su combinación de arquitecturas marroquí y *art déco*.

7. Qubba almorávide
El exponente más antiguo de arquitectura islámica *(p. 77)* en Marrakech, con hermosos paneles de escayola.

8. Dar Cherifa
Un exponente de las elegantes casas con patio *(p. 47)* que presenta extraordinarios acabados de madera tallada.

9. Dar El Bacha
J2
Una sobrecogedora obra de alicatado *zellij* multicolor.

10. Bab Agnaou
Esta puerta de acceso *(p. 31)* a la kasba es una herradura impresionante.

Dar El Bacha

ARTE Y CULTURA

1 Galería David Bloch

⚲ B5 🏠 17 Rue de Yougoslavie, Guéliz
🕐 Solo previa cita
ⓦ davidblochgallery.com

Para ver la nueva cara artística de Marrakech hay que visitar esta elegante galería especializada en arte contemporáneo y grafitos marroquíes.

2 Maison de la Photographie

⚲ K2 🏠 46 Rue Souk Ahal Fassi, Medina 🕐 9.30-19.00 diario
ⓦ maisondelaphotographie.ma

Pequeño museo dedicado a fotografías tomadas por viajeros que estuvieron en Marruecos desde finales del siglo XIX hasta la década de 1960. Ocupa una bella casa con patio no lejos de la madraza Ben Youssef. El café de la azotea es un lugar refrescante para tomar un té de menta y disfrutar de las vistas.

3 Festival Internacional de Cine de Marrakech

ⓦ festivalmarrakech.info

Auspiciado por el rey Mohamed VI, gran cinéfilo, el festival inició su andadura en 2001. Se celebra en diciembre. Por la alfombra roja han desfilado estrellas como Martin Scorsese y Willem Dafoe.

4 Musée d'Art et de Culture de Marrakech (MACMA)

⚲ C5 🏠 61 Rue de Yougoslavie, Guéliz
🕐 10.00-19.00 lu-sá ⓦ musee macma.com

Este elegante museo exhibe obras de artistas que se enamoraron de Marrakech, como Jacques Majorelle, Eugène Delacroix o Raoul Dufy. Las exposiciones temporales destacan artistas marroquíes.

5 Galerie 127

⚲ B5 🏠 127 ave Mohammed V, Guéliz 🕐 15.00-19.00 ju-sá ⓦ galerie 127.com

La primera galería del norte de África dedicada a la fotografía, este encalado espacio situado expone a grandes artistas nacionales e internacionales.

Músicas del harén (c. 1930), Maison de la Photographie

...eremonia de clausura del Festival
...nternacional de Cine de Marrakech

6 Dar Cherifa

🔲 J2 🌐 marrakech-riads.com/
...estaurant-dar-cherifa

...sta casa del siglo XVI alberga un centro
...ultural que acoge exposiciones y a
...enudo conciertos de música gnawa
...p. 25) en las noches de inauguración. Su
...equeña biblioteca contiene libros de
...rte y patrimonio artístico para hojearlos
...ientras se disfruta de un té o un café.

7 Galerie SINIYA28

🔲 B5 🏠 28 Rue Tarik Ibn Ziad
🕐 10.30-13.00 y 14.30-19.00 lu-sá
🌐 galeriesiniya28.com

...as obras de esta galería de arte moder-
...o exponen el trabajo de artistas emer-
...entes marroquíes e internacionales.

8 Museo de Música Mouassine

🔲 J2 🏠 4–5 derb el Hammam,
Mouassine 🕐 10.00-18.00 diario
🌐 museedelamusique.ma 🔗

...a antigua residencia de un noble saadí
...el siglo XVI es uno de los museos más
...ncantadores de Marruecos, con los
...posentos de la familia cuidadosamente
...estaurados. El museo, en el ático, tiene
...xposiciones sobre música marroquí y
...coge conciertos.

9 Arte callejero de Marrakech

...e pueden ver grafitis en los muros por
...oda Marrakech. Algunos son restos de
...a Bienal de Marrakech, una antigua feria
...e arte, pero otros han sido encargados
...on el paso de los años. Adornando un
...muro frente a la estación de tren hay una
...magen grande de un anciano del lugar,
...bra del artista alemán Hendrik Beikirch.

10 Festival Nacional de Artes Populares de Marrakech

🌐 fnap.ma

...n junio o julio este festival celebra
...a música y la danza amazig con ac-
...uaciones de compañías marroquíes.

TOP 10
FIGURAS DE LA CULTURA MARROQUÍ

1. Tahar Ben Jelloun
El escritor más famoso de Marruecos
ganó el premio Goncourt en 1987 por
su novela *La noche sagrada*.

2. Mahi Binebine
Este artista afincado en Marrakech es
el autor de la excelente *La patera*.

3. Hassan Hajjaj
Este artista ha diseñado las camisetas
de los camareros de Momo, el famoso
restaurante marroquí de Londres.

4. Laïla Marrakchi
La ópera prima de esta cineasta de
Casablanca, *Marock*, causó un gran
escándalo tras su estreno en 2006.

5. Farid Belkahia
Famoso por pintar en lienzos de piel
de cordero y uno de los artistas más
influyentes de Marruecos.

6. Jamel Debbouze
Este actor franco-marroquí, conocido
por su papel en *Amélie*, también dirige
el féstival cómico Marrakech du Rire.

7. Elie Mouyal
El famoso arquitecto es uno de los
más solicitados entre la alta sociedad.

8. Master Musicians of Jajouka
Este grupo musical de un pueblo del
norte de Marruecos saltó a la fama
gracias a los Rolling Stones.

9. Leila Abouzeid
Primera escritora marroquí cuya obra
se ha traducido al inglés.

10. Hassan Hakmoun
Afincado en Nueva York, este compo-
sitor de música gnawa actuaba de
niño en Jemaa el Fna.

Hassan
Hakmoun

HAMMAMS Y SPAS

1 Heritage Spa

📍 H2 🏠 40 Arset Aouzal, Bab Douhhala, Medina ⏰ 10.00-20.00 diario 🌐 heritagespamarrakech.com

El Heritage es un *spa* moderno con una amplia variedad de tratamientos y paquetes a precios razonables. Es la opción ideal si nunca se ha estado en un *hammam*.

2 Les Bains de Marrakech

📍 J6 🏠 2 derb Sedra, Mechouar Bab Agnaou, Kasbah ⏰ 9.00-19.00 diario 🌐 lesbainsdemarrakech.com

Este popular *spa* ofrece una buena selección de tratamientos, como masajes acuáticos, masajes *shiatsu* y masaje a cuatro manos. Los tratamientos suelen durar unos 45 minutos. Excepcionalmente, el *hammam* ofrece pequeños baños de vapor mixtos (obligatorio llevar bañador).

3 Hammam Ziani

📍 K4 🏠 Rue Riad Zitoun el Jdid, Medina ⏰ 9.00-22.00 diario

Situado cerca del palacio Bahia, este *hammam* ofrece todas las instalaciones que pueden esperarse (exfoliación, baño, vapor y masajes) y más limpias que las de otras casas de baños que pueden encontrarse en la Medina.

Patio de Invierno del Riad Noir d'Ivoire

4 Marajah Spa

📍 H2 🏠 Las Torres de Majorelle Building, Blvd de Safi 69 ⏰ 10.00-22.00 diario 🌐 marajahspa.com

Cercano a los jardines Majorelle, este popular *spa* de gama media ofrece una amplia selección de servicios. Cuenta con un *spa* para niños de 6 a 12 años, que ofrece un agradable masaje exfoliante con chocolate.

5 La Maison Arabe

Los *hammams* ubicados en grandes *riads* y hoteles suelen restringir el acceso a los huéspedes; no sucede así en La Maison Arabe (*p. 114*), que ofrece vigorosos *gommages* y *kissas* (tratamiento de crema y *peeling* exfoliante), además de reconfortantes masajes en la espalda, la cara o los pies.

6 Hammam El Bacha

📍 H3 🏠 20 Rue Fatima Zohra, Medina ⏰ Hombres: 7.00-13.00 diario mujeres: 13.00-21.00 diario

A este *hammam*, uno de los más antiguos de la ciudad, acuden tanto turistas como residentes. Era el utilizado por el servicio del vecino Dar el Bacha. Ostenta una impresionante bóveda de 6 m de alto en la sala de vapor. Ofrece tratamientos faciales y de henna, manicura y masajes con aceites.

Acogedor interior del Hammam Ziani

7 Riad Noir d'Ivoire
📍 K3 🏠 31–33 derb Jdid, Bab Bouhhala 🌐 noir-d-ivoire.com

Este moderno *riad* incluye el Coco's Spa, que ofrece un *hammam* y tratamientos de balneario como un masaje de una hora delante de una chimenea.

8 Royal Mansour
Tan decorado y lujoso como el propio hotel de cinco estrellas *(p. 115)*, este *spa* es exquisito. El magnífico atrio de hierro forjado blanco recuerda a una gigantesca jaula con el mismísimo sonido de canto de pájaros. Este *spa* que ocupa tres plantas incluye también una gran piscina cubierta y gimnasio.

9 Farnatchi Spa
📍 K2 🏠 2 derb Farnatchi, Medina 🌐 farnatchispa.com

El *spa* diurno situado junto a La Farnatchi *(p. 115)* tiene un diseño exquisito, con *hammams* de mármol privados con techos abovedados y un café en un patio para almorzar. Se puede incluso alquilar todo el *spa* un día completo. Se aconseja combinar una exfoliación corporal con una mascarilla aromática y concluir con un masaje *beldi* con jabón negro.

10 La Sultana
Este histórico hotel *(p. 114)* situado junto a las tumbas saadíes ofrece una experiencia de lujo. Cuenta con un *spa* equipado con *jacuzzi* bajo una bóveda estrellada, *hamman*, balneario terapéutico, cabinas de masajes al aire libre y solárium. Ofrece tratamientos tradicionales marroquíes masajes con aceites esenciales locales, paquetes de aromaterapia y tratamientos con algas. Conviene reservar con antelación porque hay mucha concurrencia.

El relajante *spa* del hotel La Sultana

PARQUES Y JARDINES

La diversidad de plantas de los jardines Majorelle

1 Jardines Majorelle

En otro tiempo propiedad del diseñador Yves Saint Laurent (p. 39), este jardín de fama internacional (p. 38) fue creado por el artista francés expatriado Jacques Majorelle. El reducido recinto alberga preciosos macizos de bambú, cactos, palmeras y también estanques con nenúfares. El antiguo estudio del artista, pintado de un tono azul cobalto conocido como azul *majorelle* acoge actualmente un museo con más de 600 piezas, que ilustran aspectos de la cultura tradicional amazig.

2 Jardín de La Mamounia

Adornado con bonitos rosales, jacarandas, vincas de Madagascar y buganvillas junto a olivos y naranjos en perfectas avenidas, los jardines Arset El Mamoun precedieron al hotel La Mamounia (p. 40). Fundados a instancias del príncipe Moulay Mamoun en torno a un pabellón central que hacía las veces de residencia real, también cuentan con un jardín de hierbas y verduras.

El jardín de la Menara con las montañas del Atlas al fondo

3 Le Jardin Secret

J2 121 Rue Mouassine, Medina Los horarios varían, consultar la web lejardinsecret marrakech.com

Abierto al público en 2016, este amplio patio ajardinado se halla en medio de la Medina. Es un lugar estupendo para relajarse con un té de menta.

4 Musée de la Palmeraie

F4 Dar Tounsi, route de Fes 9.00-18.00 diario benchaabane. com/musee_palmeraie

Esta armoniosa mezcla de naturaleza y cultura se halla en un extenso oasis de palmeras (El Palmeraie) a las afueras de la ciudad. El museo exhibe arte marroquí contemporáneo. Tiene varios jardines temáticos habitados por tortugas, galápagos y ranas.

5 Jardín de la Menara

B7 Ave de la Menara, Hivernage 9.00-17.00 diario jardin-menara.com

Este típico jardín islámico, con árboles frutales, un estanque y un pabellón, data del siglo XII. El pabellón con tejado de azulejos domina el gran estanque.

0 metros 1.000

7 Cyber Parc Arsat Moulay Abdeslem

G3 Ave Mohammed V
7.30-18.30 diario

Este jardín público, entre la avenida Mohammed V y las murallas de la Medina, se ha renovado. Los jardines, divididos por senderos bordeados de palmeras, son un lugar frecuentado para comer. Dispone de wifi gratis.

8 Jnane El Harti

Este tranquilo y cuidado jardín (p. 82) es uno de los preferidos por los marrakechíes, y su proximidad a diversos centros de trabajo lo convierte en uno de los favoritos para comer.

9 Jardín de la Koutoubia

En el lado sur de la emblemática mezquita (p. 28), este jardín tiene caminos flanqueados por parterres de flores y setos podados. Las rosas parecen inmunes al calor y florecen todo el año.

10 Dar al Hossoun

B2 Taroudant alhossoun.com

Los jardines del desierto de Hossoun, una casa de huéspedes de Taroudant, contienen más de 900 especies de plantas. Hay que reservar para visitas privadas.

6 Anima Garden

C1 Douar Sbiti, Route d'Ourika
9.00-18.00 diario
anima-garden.com

Este diseño del artista André Heller cuenta con flores autóctonas y árboles intercalados con elementos escultóricos. El jardín es un remanso de paz y belleza, perfecto para escapar del bullicio de la ciudad. Hay un café, un lugar ideal para sentarse a tomar algo y empaparse de las vistas. Las entradas se pueden comprar online y hay un servicio de transporte desde la ciudad.

Los bellos jardines Majorelle

FUERA DE LAS RUTAS HABITUALES

1 Refugio de burros de Jarjeer

📍 C1 🏠 Rue d'Amizmiz 🌐 jarjeer.org

Jarjeer es un asilo, centro de acogida y orfanato para mulas y burros en un hermoso valle en las faldas de la cordillera del Atlas. Hay un café y las compras contribuyen al mantenimiento. Se halla a 24 km de Marrakech, en la Route d'Amizmiz, cerca del pueblo de Oumnass.

2 Escalada

La escalada es una afición muy popular entre los visitantes de Marrakech. Para expertos y principiantes, Climb Morocco (*climbmorocco.com*) ofrece rutas de escalada y excursiones por la zona de Marrakech y más allá. Abierta a todas las edades y niveles de habilidad, se pueden encontrar guías, equipo y formación para disfrutar de esta experiencia de forma segura.

3 Sidi Ghanem

📍 C1 🏠 219 Quartier Industriel Sidi Ghanem 🌐 sidi-ghanem.com

Todos los amantes del menaje del hogar y la decoración de interiores (velas, cerámica, ropa de cama, muebles) deberían dirigirse a este polígono industrial en los límites al norte de la ciudad, que se ha convertido en el "distrito del diseño". Acoge más de una docena de fantásticas tiendas (Maison Fenyadi la primera) y cuenta con diversos cafés y restaurantes para tomar algo entre compra y compra.

4 Lalla Takerkoust

Este pueblo (*p. 96*) es el escape perfecto del bullicio de la ciudad. Se puede disfrutar de unas magníficas vistas de las montañas, practicar piragüismo, visitar las dunas o recorrer las rutas de senderismo que recorren el campo circundante.

Lápidas del cementerio judío de Miâara

5 Cementerio judío de Miâara

📍 L5 🏠 Ave Taoulat El Miara

A principios del siglo XX vivían cerca de 36.000 judíos en Marrakech, pero ahora quizá solo quedan un par de cientos. Esta pérdida de población queda patente en este extenso cementerio de 200 años de antigüedad en el poco visitado sureste de la Medina.

6 La Pause

📍 C1 🏠 Douar Lmih Laroussiene, Agafay 🌐 lapause-marrakech.com

Otra opción para salir de la ciudad es este pabellón situado en el árido valle de Agafay, unos 40 minutos al suroeste de Marrakech. Es un elegante complejo ecológico con alojamientos variados: tiendas nómadas con alfombras y cojines amazig o cabañas parcialmente descubiertas hechas de tapial. Ofrece multitud de actividades divertidas, como nadar, montar a caballo, jugar a la petanca o al golf.

7 Marché Central

Apartado de la Medina, al este de la Place du 16 Novembre y detrás del centro comercial, se ubica este mercado (p. 84) en el que locales y expatriados hacen sus compras. Junto con los puestos de alimentos hay varias tiendas de artesanía en las que tanto la calidad como el precio suelen ser mejores que en los zocos.

8 Zoco El Khemis

D4 Bab el Khemis

Los empresarios que están restaurando sus *riads* acuden a este mercadillo al norte de la Medina para encontrar hallazgos curiosos, como puertas talladas y otras piezas de artesanía reciclada.

9 Palacio de El Palmeraie

F4 Circuit de la Palmeraie
 rotana.com

Este palmeral al norte de la ciudad es el retiro preferido de los ricos. Entre las apartadas villas también hay varios hoteles de lujo, como El Palmeraie, uno de los complejos de golf más destacados del norte de África. Tiene varios restaurantes y bares.

10 Beldi Country Club

C1 Route de Barrage
 beldicountryclub.com

Este elegante retiro rural, muy cerca del centro, es ideal para escapar del polvo y el caos de la Medina. Entre olivares y rosaledas hay restaurantes, piscinas, pista de tenis y *spa*. Los visitantes pueden reservar clases de cocina y de cerámica y también hay un hotel de lujo para quedarse a dormir.

Piscina del encantador palacio de El Palmeraie

MARRAKECH EN FAMILIA

1 Jemaa el Fna
Al atardecer, la plaza central de la Medina (p. 22) se convierte en un gran circo con acróbatas, músicos, magos y otros artistas callejeros. Las terrazas de los cafés de la plaza ofrecen asientos de primera fila para este teatro al aire libre.

2 Parques y jardines
Los jardines tropicales amurallados son perfectos para descargar energía. Anima Garden (p. 51) es un parque interactivo con esculturas abstractas e instalaciones (las cabezas gigantes que rocían agua son unas de las favoritas). Los jardines Majorelle (p. 38) son gratuitos para los niños, que disfrutan con sus fuentes e insólitos cactus.

3 Recorridos en motocicleta
Marrakech Insiders (marrakechinsiders.com) ofrece recorridos a medida por la ciudad en motocicletas con sidecar. Los vehículos tienen un elegante aspecto vintage y cada moto tiene capacidad para el conductor-guía y dos pasajeros. Estos recorridos son perfectos para los que quieran un medio de transporte poco habitual y ver zonas distintas de la ciudad.

4 Parques acuáticos
La ciudad cuenta con magníficos parques acuáticos. Oasiria, al sur de Marrakech, tiene la piscina de olas más grande de África, un río lento, club infantil y cabañas para descansar (oasiria.com), con lanzaderas gratuitas que salen desde Jemaa el Fna y Guéliz. Además, la mayoría de las piscinas de la ciudad venden pases diarios.

5 Museo del Agua
🅟 C1 🅐 Circuit de la Palmeraie – Route de Casablanca
🕙 9.00-19.00 diario
🅦 watermuseums.net

Aunque Marruecos es un país árido, el agua ha desempeñado un papel importante en su historia. Este museo único explora la relación de Marruecos con el agua a lo largo de los siglos, con mapas interactivos y vídeos para enseñar a los niños su uso sostenible. Educativo, impactante, pero también divertido.

Artistas callejeros disfrazados en Jemaa el Fna

6 Arte y artesanía
En el taller Lamsaty Handmade (*lamsatyhandmade.com*), los niños pueden practicar cerámica, pintura y bordado inspirándose en las ricas tradiciones artesanales marroquíes. Hay que reservar con antelación.

7 Parques interiores
Cuando hace mucho calor, las familias de Marrakech se escapan a los centros lúdicos climatizados que hay en la mayoría de los centros comerciales y estaciones de servicio. Kawbab Jeux (*Rue el Iman Chafii*), en Guéliz, tiene zonas de juego interiores y exteriores con castillos hinchables, equipos de *soft play*, camas elásticas y cafetería.

8 Henna
El arte de la henna es una de las tradiciones culturales más bonitas de Marruecos. Marrakech Henna Art Café (*p. 73*) ofrece tatuajes de henna cien por cien naturales, con un catálogo que incluye motivos tradicionales y figuras de animales que seducirán a los más jóvenes.

9 Desierto de Agafay
A 30 km al sur de la ciudad se encuentra el desierto de Agafay (*p. 65*), una amplia extensión de dunas de roca que ofrece una visión fascinante de la vida marroquí. Se puede pasar la noche con Caravan Agafay (*ourhabitas.com*) o hacer una excursión en bicicleta eléctrica para disfrutarlo en plenitud.

10 Valle del Ourika
🗺 C2
Enclavado en el corazón del Atlas, este valle tiene rutas de senderismo para toda la familia. Se puede combinar una ruta corta desde Khemis o Asguine con un baño en el río y un pícnic cerca de las cascadas de la zona.

Piscina de olas del parque acuático Oasiria

TOP 10 ACTIVIDADES

1. Cocina
Souk Cuisine (*soukcuisine.com*) organiza semanas gastronómicas y también programas a medida.

2. Ciclismo
Se pueden alquilar bicicletas. Bikala Bikes (*pikalabikes.com*) ofrece alquiler de bicicletas y excursiones.

3. Golf
Se puede jugar en El Palmeraie (*p. 55*) y en Golf d'Amelkis (*golfamelkis.com*).

4. Globo aerostático
Marrakech By Air (*marrakechbyair.com*) ofrece paseos en globo a primera hora de la mañana sobre el desierto.

5. Tenis
Se puede jugar en el Royal Tennis Club previa reserva (*0524 43 19 02*).

6. Karts
Atlas Karting (*0661 23 76 87*), en la Route de Safi, también alquila quads.

7. Bicicleta de montaña
Además de recorridos por terrenos agrestes, MBA (*marrakechbikeaction. com*) ofrece paseos por la ciudad.

8. Maratones
En enero tiene lugar un maratón y una media maratón (*marathon-marrakech.com*).

9. Rocódromo
Atlas Elevation (*atlaselevation.com*) ofrece escalada en pared y búlder para todas las edades.

10. Quad
Dunes and Desert (*dunesdesert.com*) es uno de los muchos que ofrecen aventuras en quad.

En quad por el desierto

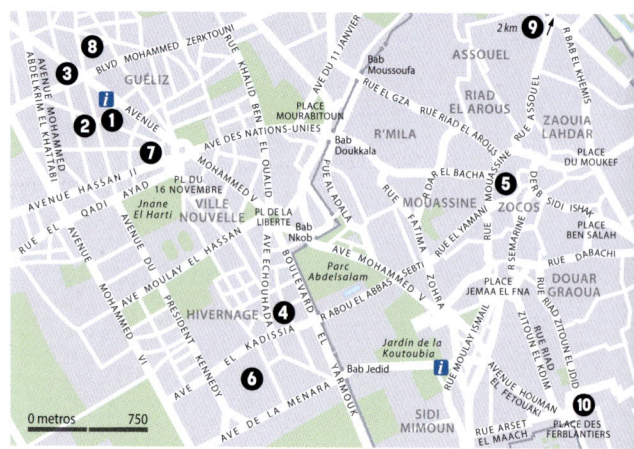

MARRAKECH DE NOCHE

1 MY Kechmara

Este bar *(p. 85)* tiene un ambiente agradable y relajado. Además de música, cuenta con cerveza de barril y una amplia carta para cenar.

2 Sky Bab

B5 Cruce de blvd Mansour Eddahbi y Rue Mohammed El Beqqal, Guéliz babhotel marrakech.ma

Este bar en la azotea del elegante Bab Hotel, en el centro de Guéliz, es amplio, moderno y agradable. Los fines de semana hay DJ y a veces música en directo.

3 Sky Bar

B5 89 Angle bld Zerhtouni y Mohammed V, Guéliz

Situado en la terraza de La Renaissance Hotel, es uno de los bares más animados de la ciudad. Siete plantas por encima de la Place Abdel Moumen Ben Ali, ofrece impresionantes vistas desde Mohammed V hasta la Medina. Los días despejados se ve el Atlas.

4 Comptoir Darna

Este espacioso salón situado sobre el restaurante de la planta baja *(p. 85)*, con un bar de cócteles, ofrece un ambiente sofisticado, elegante y selecto a su exclusiva clientela. También hay espectáculos nocturnos con grupos de danza, cantantes de gnawa *(p. 25)* u orquestas que interpretan música tradicional árabe.

Salón informal del Comptoir Darna

5 Café Arabe

Debido a la presencia de varios santuarios, en la Medina está muy restringido el alcohol, limitado a varios locales que dan servicio sobre todo a viajeros extranjeros. El informal Café Arabe *(p. 79)* sirve comida marroquí e italiana pero se puede beber algo sin comer nada en alguna de sus terrazas o en el patio.

6 Théatro

🅖 C6 🅗 Hotel Es Saadi, ave El Kadissia, Hivernage 🅞 23.00-5.00 diario 🅦 theatromarrakech.com

Instalado en una sala de conciertos, este local nocturno de moda es famoso por su animado ambiente. El viejo escenario es ahora una concurrida pista de baile con la agenda llena de DJ residentes e internacionales y actuaciones de hip hop. Se recomienda reservar.

7 Barométre

🅖 B4 🅗 Rue Moulay Ali, Guéliz 🅞 18.30-1.00 lu-sá 🅦 lebarometre.net

A los amantes de los cócteles no les decepcionará una visita a este sótano-bar donde los mixólogos elaboran bebidas innovadoras. Se puede pedir un cóctel personalizado o escoger entre una oferta de clásicos. También tiene un restaurante que sirve comida magnífica.

Cenando en el elegante Grand Café de la Poste

8 Grand Café de la Poste

Esta hermosa villa reconvertida fue una oficina de correos en la época colonial francesa, construida en 1925. A menudo comparada con el Rick's Café de Casablanca, tiene un ambiente tipo *brasserie* y está muy concurrida a mediodía y por la noche. Su carta incluye clásicos franceses y su lista de vinos es excelente. Por la tarde la terraza de delante es ideal para tomar algo junto a la Place du 16 Novembre.

9 Nikki Beach

🅗 Circuit de la Palmeraie 🅞 mar-ene: 11.30-20.00 diario 🅦 palmeraieresorts.com

A 15 minutos de la Medina, este fabuloso club tiene sillones junto a la piscina y barras flotantes en el agua. Aunque cierra a las 20.00, es un lugar muy popular para tomar una copa por la tarde.

10 Kosybar

En el corazón de la Medina, tiene una planta baja con piano, un elegante bar y un primer piso con rincones acogedores y una terraza *(p. 73)* desde la que se ven los nidos de las cigüeñas en los muros del palacio El Badi y la mezquita Koutoubia.

COCINA MARROQUÍ

1 Tajín

El tajín es un guiso muy popular que se cocina a fuego lento en una fuente de barro con una tapa en forma de cono que da nombre al plato. Se puede elaborar con diversos ingredientes como pescado, carne, frutos secos, aceitunas y verdura.

2 Ensaladas marroquíes

Son tradicionalmente una parte de una comida. Suelen servirse entre una y tres diferentes. Están hechas a base de verduras frescas como zanahorias, pimientos, calabacines y tomates.

3 Té verde

El omnipresente té verde con hojas de hierbabuena se toma siempre cargado de azúcar. La técnica de servirlo es casi tan importante como la bebida en sí; el largo pico curvado de la tetera permite verter el té en los pequeños vasos dibujando en el aire un elegante arco y la tradición es tomar tres vasos cada uno.

4 Panes

Hay muchos tipos de pan que se sirven tradicionalmente con la comida. El *khobz* (una pequeña hogaza) suele acompañar a los platos principales, mientras que la *msemmen (torta)* se sirve en el desayuno. El *rghaif* (relleno de ternera y especias) es un bocado habitual a media tarde.

5 Briouats

Estos pequeños triángulos de masa filo tienen variados rellenos; los más típicos son el de cordero desmenuzado con especias y piñones y el de queso feta con espinacas. Algunos cocineros de Marrakech los preparan también con gambas, pollo y limón. La versión dulce se empapa en miel y se rellena con cacahuetes.

6 Cuscús

El cuscús es un plato indispensable en la gastronomía norteafricana. Esta fina sémola se cocina al vapor hasta que los granos se hinchan y se sirve tradicionalmente con un caldo picante aderezado con *harissa,* acompañado de una combinación verdura hervida y carne.

Té verde
dulce
marroquí

Puesto con deliciosos
tajines

7 Tangia
Este plato fuerte de carne lo inventaron los trabajadores de los zocos de Marrakech. Se prepara a base de cordero o ternera cocidos a fuego lento con limones, ajo y azafrán.

8 Harira
Esta sustanciosa sopa tradicional marroquí se elabora con tomates, lentejas, garbanzos, especias y cordero. Se prepara en ocasiones especiales y durante el Ramadán.

9 Pasteles
Las populares *chabakias* son pastelillos fritos empapados en miel que se preparan durante el Ramadán. Otro dulce es la *pastela* dulce, elaborada con hojaldre cubierto de nueces y crema pastelera.

10 Pastela
La *pastela* puede servir de entrante o de plato principal. Es un pastel de hojaldre con un relleno que combina lo salado con lo dulce, a menudo elaborado con pollo o pichón desmenuzado, y con canela y azúcar para darle el peculiar toque marroquí.

La *pastela*, un dulce típico marroquí

TOP 10 RECETAS DE TAJÍN

Tajín de ternera

1. Carne de ternera con hinojo y guisantes
Los chefs del restaurante La Maison Arabe's *(p. 79)* sacan lo mejor de la carne de ternera en este sabroso tajín.

2. Cordero con cebolla y almendras
Este sabroso tajín es uno de los más populares de Marrakech.

3. Cordero y dátiles
La especialidad adoptada en la cocina francesa se sirve en Le Tanjia *(p. 73)*.

4. Cordero y pera
Suave y tierno, la pera se cocina hasta que tiene consistencia de puré.

5. Ternera con guisantes
El azafrán y el jengibre dan a este tajín un sabor muy especial.

6. Cordero, ciruelas y almendras tostadas
Las crujientes almendras laminadas contrarrestan la pastosa consistencia de las ciruelas.

7. Ternera con membrillo
Popular tajín que mezcla sabores dulces y salados.

8. Pescado
Además de los de Dar Moha *(p. 79)*, los mejores tajines de pescado fresco son los de Essaouira.

9. Cordero y alcachofas
El intenso sabor del cordero casa perfectamente con las cebollas caramelizadas y las alcachofas.

10. Tajín de kefta
Se compone de pequeñas albóndigas guisadas a fuego lento en una sabrosa salsa de tomate. A veces se le añade un huevo para dar aún más sabor.

REGALOS Y RECUERDOS

1 Cerámica
Casi todas las regiones de Marruecos tienen su propia cerámica distintiva. El estilo de Marrakech destaca por el uso de azul *majorelle*. Los artesanos locales dan forma a sus obras con técnicas ancestrales y esmaltes rústicos. Las tiendas de Sidi Ghanem *(p. 54)* venden bonitas piezas a precios fijos.

2 Alfombras
Las alfombras de Marrakech eran tradicionalmente tejidas a mano por mujeres amazig, en el Atlas. Actualmente se han vuelto famosas y los expertos identifican su procedencia exacta según el estilo y el color. El mejor lugar para comprarlas es el Souk des Tapis *(p. 27)*; es conveniente ir con un presupuesto aproximado.

3 Velas
Las velas y los soportes para velas de té se usan en *riads*, bares y restaurantes para crear ambiente. Para llevarse a casa un poco de ese mágico resplandor, hay que buscarlas en los zocos y tiendas de Guéliz y Sidi Ghanem *(p. 54)*. Su variedad es tan grande, que lo difícil será escoger una.

4 Joyería
Las joyas amazig están realizadas con plata y son toscas y pesadas, aunque hay varios artesanos locales y extranjeros que producen diseños más modernos. En las platerías de los zocos, las joyas por lo general se valoran según su peso; los vendedores más serios pesan las piezas ante los clientes.

5 Objetos de metal
Las calles que rodean el Souk des Ferroniers *(p. 27)* resuenan con el sonido del martillo sobre metal de los artesanos creando piezas decorativas. Repartidos por los zocos hay talleres especializados en objetos de latón tallados a mano y decorados con motivos florales e inscripciones caligráficas.

6 Babuchas
Las babuchas marroquíes se fabrican artesanalmente con cuero local, aunque se encuentran cada vez más piezas realizadas con materiales sintéticos. Las más tradicionales acaban en punta y se venden en tonos lisos con poca decoración. Cada vez son más populares en *boutiques* y comercios que las venden con acabados personalizados en seda o exquisitos dibujos bordados.

7 Cojines de seda de cactos
Alegres montones de estas fundas bordadas a mano cubren las calles del zoco. No está claro si realmente se producen a partir de las hojas de la planta del cacto, como muchos defienden. Lo que sí es cierto es que se tejen a mano y el resultado es una funda de cojín suave y sedosa, teñida con tintes naturales como azafrán, índigo y henna.

8 Moda
Marrakech ha inspirado a incontables diseñadores, así que no es de extrañar que muchos hayan abierto tiendas en la ciudad. Un buen regalo

**Colorida cerámica marroquí
con diseños tradicionales**

son los caftanes, trajes tradicionales
marroquíes que han pasado de ves-
timenta palaciega a prenda de uso
cotidiano. Se pueden comprar caftanes
en el zoco, en *boutiques* de diseñadores
de Mouassine (*p. 78*) y Guéliz (*p. 84*) o
hacerse uno a medida.

9 Artículos de cuero

Marrakech es célebre por la
calidad de su cuero, que se trabaja
artesanalmente en las curtidurías (*p. 76*)
del este de la Medina y luego se tiñe.
Las tiendas del zoco están repletas
de productos de este material, desde
bolsos y pufs hasta monederos y pieles
para encuadernar libros. Se recomienda
visitar varias tiendas antes de decidirse
a comprar un artículo.

10 Aceite de argán

El aceite de argán es una
sustancia casi mística al que se le
atribuyen toda clase de propiedades.
Está muy valorado, en parte debido a
la rareza del argán, un árbol que solo
se da en el suroeste de Marruecos (por
lo que su precio depende del volumen
de lluvias). El aceite de calidad tiene
la consistencia del aceite de oliva y un
olor neutro.

**Mujeres extrayendo
aceite de argán**

TOP 10
ALFOMBRAS

Alfombras artesanales amazig

1. Handira
Mantas de tono crema con lentejue-
las usadas tradicionalmente por las
novias amazig como capa nupcial.

2. Beni Ourain
La más conocida de las alfombras
marroquíes. Suelen presentar motivos
negros o marrones.

3. Boucherouite
Confeccionadas con retales, son atre-
vidas y coloridas.

4. Zanafi
Alfombras artesanales de tonos tierra
típicas de la ciudad de Ouarzazate.

5. Azilal
Alegres alfombras de lana con diseños geométricos y colores vivos sobre
fondo neutro.

6. Esteras tuareg
Los nómadas tuareg utilizaban estas
esteras ligeras y duraderas frente a la
dura vida sahariana.

7. Kilims
Estas finas alfombras de lana o seda
se caracterizan por su tejido nítido y
delicados bordados.

8. Taznakht
Con una amplia gama de estilos, diseños sencillos o complejos y tonos
neutros o atrevidos.

9. Beni Mguild
Famosas por sus tintes naturales de
índigo que crean tonalidades profun-
das de azul y morado.

10. Boujad
Estas alfombras de colores alegres y
vibrantes muestran diseños tradicionales y modernos.

EXCURSIONES

2 Setti Fatma
📍 C2

Este pueblito escondido del valle del Ourika está a una hora y media en coche al sur de la ciudad, en las estribaciones del Atlas. Es el punto de partida de un paseo de 15 minutos que asciende hasta una bonita cascada y su poza; a continuación la ruta es más ardua y prosigue la escalada hasta pasar por seis cascadas más.

3 Essaouira

Esta ciudad portuaria medieval amurallada *(p. 88)* de la costa atlántica queda solo a pocas horas de Marrakech y ofrece paseos por la muralla, zocos, playas, un puerto pesquero y un fascinante pasado hippy.

4 Mercados rurales

Varios pueblecitos de los aledaños de Marrakech celebran mercados semanales. Los aldeanos de la región se reúnen en ellos para comprar y vender productos frescos, ropa barata y toda clase de mercancía. También son frecuentes las subastas de ganado y la presencia de barberos y dentistas ambulantes.

1 Imlil
📍 C2

A una hora y media en coche desde Marrakech, esta aldea de montaña está en la cabecera del valle Aït Mizane, en el Atlas. Su altitud la convierte en un punto de partida popular entre senderistas. La mayoría viene para emprender el cercano Jbel Toubkal *(p. 96)*, pero hay muchos otros senderos de diferente longitud y grado de dificultad.

Esquiadores en la estación
de Oukaimeden

5 Oukaimeden
📍 C2

Las nevadas que caen en el Atlas entre febrero y abril mantienen abierta la estación de esquí de Oukaimeden, sobre el valle del Ourika. Hay un remonte e instalaciones para alquilar el equipo de esquí. La escasez de nieve de los últimos años ha reducido la temporada de esquí.

6 Cascades d'Ouzoud
📍 D1 🏠 Riad Cascades d'Ouzoud
🌐 ouzoud.com

A dos horas al noreste por la Route de Fès se encuentra la cascada más hermosa de Marruecos. Un camino rodeado de árboles (ouzoud significa olivos en lengua amazig) conduce hasta la garganta de Oued el Abid. En lo alto de la cascada hay un bonito riad que ofrece alojamiento.

7 Tameslouht
📍 C1

A 30 minutos en coche de Marrakech por la Route d'Amizmiz, Tameslouht es un pueblo de carretera famoso por su gremio de alfareros. También hay una antigua prensa de aceite accionada por el movimiento de una mula, talleres de tejedores y una kasba semiderruida. La excursión puede comenzar con una visita a la Association Tameslouht, una oficina de información situada en la plaza mayor, Place Sour Souika, junto a la mezquita principal. Si la oficina está cerrada, uno de los residentes puede decirle dónde se encuentran los alfareros.

8 Barrage Lalla Takerkoust
📍 C2 🏠 Le Flouka, BP 45 Barrage Lalla Takerhoust
🌐 leflouka-marrakech.com

Al sur de Marrakech, en la Route d'Amizmiz, se halla este impresionante lago artificial con el Atlas de fondo. Sus cristalinas aguas lo convierten en un estupendo lugar para un pícnic. También es popular para los que les gustan los quads. Hay que probar la comida local en los restaurantes en la orilla, entre ellos Le Flouka, que también ofrece alojamiento.

9 Kasbah du Toubkal
Esta antigua plaza fuerte del Atlas está situada al pie de Jbel Toubkal (p. 96). Parte el viaje se hace en mula. La excursión incluye un almuerzo amazig y un paseo; se regresa a la ciudad antes del anochecer. También se puede pernoctar en la kasba (p. 116).

10 Desierto de Agafay
📍 C3

Sus vastas llanuras arenosas son perfectas para pasar un día de excursión. Agafay Luxury Camp (agafaydesertluxury-camp.com) cuenta con elegantes campamentos en el desierto y ofrece paseos en parapente y globo aerostático.

**La increíble belleza natural
de las Cascades d'Ouzoud**

RECORRIDOS

Madejas de seda colgando en un zoco

JEMAA EL FNA Y LA KASBA

Corazón espiritual e histórico de Marrakech, Jemaa el Fna (pronunciado j'maf na) se estableció como plaza de armas en el momento de la fundación de la ciudad. Cuando los nuevos gobernantes de Marrakech construyeron un recinto palaciego amurallado al sur, conocido como la kasba, la plaza se convirtió en un lugar público. Desde entonces, Jemaa el Fna ha estado siempre llena de vitalidad y es desde hace mucho centro del comercio en Marrakech. Cuando empieza a caer el sol, la vida en la plaza comienza a animarse, y alcanza su cénit con la llegada de los puestos de comida, cuentacuentos, bailarines y músicos gnawa tradicionales.

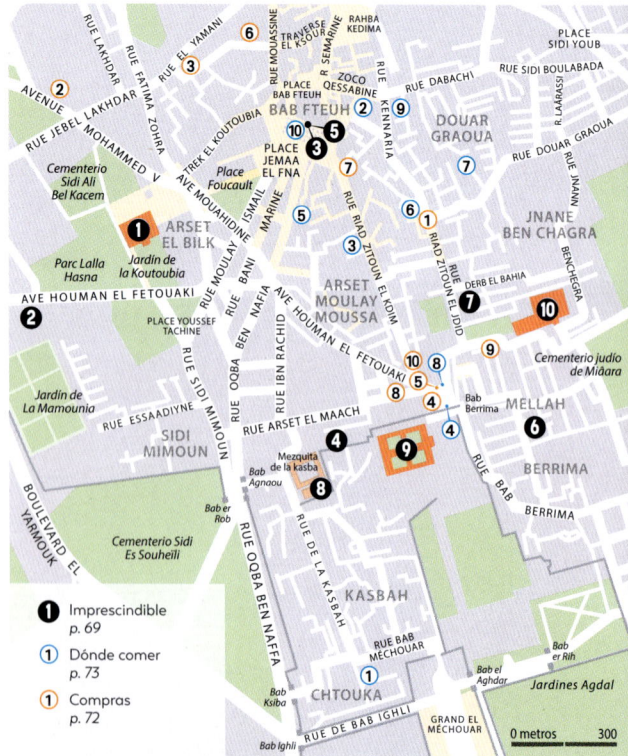

Para alojamientos en la zona, ver p. 114

El espectacular alminar de la mezquita Koutoubia

1 Mezquita Koutoubia

La mezquita de Koutoubia *(p. 28)* es fácilmente identificable por su minarete. Esta hermosa construcción rosada de 77 m se destaca sobre el cielo azul cobalto durante el día y sobre el intenso anaranjado del atardecer. Aunque solo los musulmanes pueden entrar en la mezquita, una de las puertas del muro oriental suele estar abierta, así que se puede echar un vistazo desde fuera.

2 Hotel La Mamounia

Este antiguo palacio es uno de los hoteles de referencia de Marrakech desde que se inauguró en 1923. Aunque tiene fama de haber alojado a celebridades como Winston Churchill, no hace falta ser huésped para disfrutar del elegante bar con piscina y sus restaurantes, siempre con el atuendo adecuado *(p. 40)*.

3 Jemaa el Fna

Esta plaza, una de las más espectaculares del norte de África, se llena de artistas y residentes, además de visitantes entusiastas venidos de todo el mundo. Hacia el sur, la Rue de Bab Agnaou es la calle principal peatonalizada "moderna", donde hay cajeros automáticos, cibercafés y farmacias. Las estrechas calles laterales de Jemaa el Fna *(p. 22)* tienen hoteles a buen precio.

4 Monde des Arts de la Parure

K4 40 Ksibat Nhass 10.00-17.00 ma-do emapmarrakech.com

Más conocido como MAP, este museo reúne más de 3.000 piezas de arte, joyería y demás tesoros etnográficos procedentes de más de 50 países. Su magnífica colección se formó reuniendo piezas encontradas por los etnógrafos Marlène y Paolo Ponce-Gallone a lo largo de varias décadas de viajes.

5 Mercado nocturno

La noche transforma Jemaa el Fna cuando se celebra el mercado nocturno de alimentos *(p. 24)*. Cerca está la Rue Riad Zitoun el Jdid, que conecta Jemaa el Fna con varios lugares importantes, como el Museo Dar Si Said. La Rue Riad Zitoun el Kdim une Jemaa el Fna con el barrio del palacio.

Dormitorio de estilo morisco en el hotel La Mamounia

6 El Mellah
 L5

El antiguo barrio judío linda con la sección este de la kasba. Se puede acceder a él a través del zoco El Bab Salaam, una concurrida calle cubierta que parte de una plaza repleta de rosales. La calle conduce a la Place Souweka y al norte se puede contemplar una de las últimas sinagogas que permanecen abiertas en la ciudad. La mayor parte de la comunidad judía de Marrakech emigró a Israel después de la Segunda Guerra Mundial, en las décadas de 1950 y 1960, pero la multitud de tumbas que llena el vecino cementerio judío de Miâara atestigua cuántos vivieron aquí.

7 Musée Tiskiwin
PLANO K4 Derb El Bahia, saliendo desde la Rue Riad Zitoun el Jdid 0524 38 91 92 9.00–12.30 y 14.30–18.00 diario

De camino al Monde des Arts de la Parure se puede visitar esta casa particular, propiedad del antropólogo holandés Bert Flint. Este estudioso del arte y la artesanía tribal ha reunido una fascinante y extensa colección. La exposición, abierta al público, está organizada geográficamente a modo de viaje y sigue las antiguas rutas comerciales del desierto desde Marrakech hasta Tombuctú. Los carteles de la exposición están en francés.

8 Tumbas saadíes
 J6 Rue de la Kasbah, Medina 9.00–14.30 diario saadiantombs.com

Las históricas tumbas saadíes están emplazadas al final de un callejón, junto a la mezquita de la kasba, que se encuentra nada más franquear Bab Agnaou (p. 31). El pequeño mausoleo ajardinado aloja las tumbas de unos 66 miembros de la dinastía saadí bajo cuyo reinado Marrakech vivió una era dorada. Es mejor acudir a primera hora de la mañana o última de la tarde para evitar aglomeraciones.

9 Palacio El Badi
Cuesta creer que estas ruinas (p. 36) pertenecen al que fuera uno de los palacios más majestuosos del mundo. Este vasto solar circundado por muros erosionados conserva algunos de sus originales tesoros, como los jardines y una artesanía morisca.

Ropas tradicionales amazig en el Musée Tiskiwin

**Delicados arcos y mosaicos
en las tumbas saadíes**

10 Palacio Bahia

Erigido en la década de 1890 por un poderoso gran visir, el Bahia *(p. 32)* es un impresionante complejo palaciego al que se accede por una larga avenida ajardinada. En el interior varias flechas conducen al visitante a través de la sucesión de grandes patios y estancias privadas que utilizaron el visir y sus cuatro esposas. Todas las habitaciones están lujosamente decoradas con alicatados *zellij (p. 45)*, estucos esculpidos y madera de cedro tallada. El sultán de la época, Abdel Aziz, envidiaba de tal manera las riquezas del Bahia que a la muerte del visir ordenó el saqueo del palacio.

EL REY Y SUS PALACIOS

A lo largo de la historia, la corte marroquí ha establecido su sede entre Fez, Mequinez, Rabat y Marrakech. En el siglo XII los almohades erigieron el primer palacio real de Marrakech, que todavía pervive, al sur de Jemaa el Fna. El rey actual, Mohamed VI, ha construido un palacio más pequeño para su uso personal en el exterior de Bab Agnaou.

PASEO POR LOS PALACIOS

Mañana

Comienza en **Jemaa el Fna** *(p. 22)*. En el lado sur, un arco brinda acceso a la **Rue Riad Zitoun el Kdim**. La zona está habitada principalmente por locales y escasean los puestos para comprar recuerdos. En el extremo sur de la calle varios comercios venden piezas modeladas a partir de neumáticos viejos. Por la calle principal se llega al **Marché du Mellah** *(p. 72)*, un mercado al que merece la pena echar un vistazo. A continuación, al sureste, se abre la **Place des Ferblantiers** *(p. 72)*, una plaza empedrada rodeada de talleres de orfebrería que da paso al evocador **palacio El Badi**. Tras visitar las ruinas puedes tomar un tentempié en la esquina noroeste de la Place des Ferblantiers.

Tarde

Visita el **zoco El Bab Salaam** *(p. 72)* antes de tomar en dirección norte la **Rue Riad Zitoun el Jdid**. Al final, a la derecha, está la verja del **palacio Bahia**, pero si no dispones de tiempo lo mejor es girar a la derecha y recorrer la primera calle a la izquierda para visitar el excelente **Monde des Arts de la Parure.** Al sur está el igualmente interesante **Musée Tiskiwin.** Regresa a la Rue Riad Zitoun el Jdid hasta **La Famille** *(p. 79)*, un sitio tranquilo para tomar un refrescante té de menta. Gira a la izquierda para reaparecer en la animada Jemaa el Fna.

Artesanía marroquí en Ensemble Artisanal Marrakech

Compras

1. Rue Riad Zitoun el Jdid
📍 K4
Esta calle está llena de multitud de pequeñas e interesantes *boutiques*. Es una alternativa a los zocos.

2. Ensemble Artisanal Marrakech
📍 H3 🏠 Ave Mohammed V
Esta tienda estatal está a un corto paseo de Jemaa el Fna. Venden artesanía tradicional marroquí a precios fijos, por lo que no hay que regatear.

3. RAQAS
📍 J3 🏠 1 Rue el Ksour
Ropa marroquí con estilo en una tienda de comercio justo. Se hace ropa a medida y también venden complementos.

4. Place des Ferblantiers
📍 K5
Aquí se pueden adquirir faroles de latón y hierro de diseño único y de todas las formas y tamaños.

5. Aya's
📍 K5 🏠 11 bis, derb Jdid, Bab Mellah
🌐 ayasmarrakech.com
Está muy escondida (una puerta más allá del restaurante Le Tanjia), pero la tienda merece una visita por su ropa tradicional marroquí, sedas, linos, joyas y accesorios de gran calidad.

6. AlNour
📍 J3 🏠 Derb Moulay El Ghali 19
🌐 alnour-textiles.com/shop
Esta *boutique*, una empresa social, ofrece magníficos complementos y bonita ropa bordada a mano a base de fibras naturales, obra de mujeres de la zona.

7. Le Cadeau Berbère
📍 J3 🏠 51 Jemaa el Fna
☎ 0524 44 29 07
Inaugurado en 1930, este especialista en telas cuenta con una clientela internacional de diseñadores de interiores, hoteleros y coleccionistas.

8. Marché du Mellah
📍 K5 🏠 Ave Houman El Fetouahi 📱 vi
En este recinto cubierto se venden flores, menaje y productos locales.

9. Atelier El Bahia
📍 K5 🏠 Rue Bahia Bab Mellah
☎ 0524 38 52 86
Aun cuando no se quiera comprar una alfombra nueva, aquí se pueden encontrar chales hechos a mano, mantas y pequeños muebles.

10. Zoco El Bab Salaam
📍 K5
Los olores guían al viajero desde las callejuelas del antiguo barrio judío hasta este pequeño y pintoresco mercado de hierbas y especias de la Place des Ferblantiers.

Dónde comer

1. Café Clock
K7 · 224 derb Chtouha, Kasbah · 9.00-22.00 diario · cafecloch.com ·
Sirve hamburguesas de camello, batidos de leche y almendras, helados caseros y desayunos amazig.

2. Le Marrakchi
K3 · 52 Rue des Banques · 0524 44 33 77 · 12.00-24.00 diario · ⓓ ⓓ ⓓ
Este restaurante tiene una animada terraza en la azotea con música y danza del vientre.

3. Marrakech Henna Art Cafe
K4 · 35 derb Sqaya, Riad Zeitoun Lahdim · 11.00-20.30 diario · marrakechhennaartcafe.com · ⓓ
Platos marroquíes, también vegetarianos y veganos. Además aplican henna orgánica si se quiere.

4. Kosybar
K5 · 47 Place des Ferblantiers · 11.30-1.00 diario · hosybar.com · ⓓ ⓓ
Deliciosos platos de fusión japonesa-mediterránea en una preciosa y moderna terraza o en el elegante interior del restaurante.

5. Pâtisserie des Princes
J4 · Passage Prince Moulay Rachid · 7.00-23.00 diario · patisserie desprinces.com · ⓓ
Versión local de la típica cafetería francesa, sirven también helados, zumos, té y café.

6. Naranj
K4 · 84 Rue Riad Zitoun el Jdid · 12.00-22.00 lu-sá · naranj.ma · ⓓ ⓓ
Este bonito local libanés sirve sabrosos platos.

El maravilloso comedor junto a la piscina de Pepe Nero

PRECIOS
Una comida de tres platos con media botella de vino (o equivalente), servicio e impuestos incluidos.

ⓓ menos de 200 Dh ⓓ ⓓ 200-400 Dh
ⓓ ⓓ ⓓ más de 400 Dh

---

7. Pepe Nero
K4 · 17 derb Cherkaoui, Douar Graoua · 0524 38 90 67 · 7.30-23.00 ma-do · ⓓ ⓓ ⓓ
Excelente restaurante vanguardista italiano-marroquí en el que merece la pena tirar la casa por la ventana.

8. Le Tanjia
K5 · 14 derb Jedid, Hay Essalam, Mellah · 12.00-24.00 diario · tanjiaoriental.com · ⓓ ⓓ ⓓ
Un templo de tres plantas para comer y divertirse. Excelente carta marroquí y danza del vientre.

9. Roti d'Or
K3 · 17 Rue Kennaria, Medina · 0627 13 11 37 · 12.00-16.00, 18.00-20.30 sá-ju · ⓓ
Pequeño pero moderno café con gran surtido de hamburguesas, tacos franceses y rollos preparados con un toque marroquí.

10. Jemaa el Fna
Cenar en uno de los puestos de la plaza es toda una experiencia (p. 22).

LOS ZOCOS

Al norte de Jemaa el Fna se extiende una vasta área comercial, con decenas de estrechos callejones flanqueados por tiendas de pequeño tamaño que venden ropa, marroquinería, orfebrería, faroles de latón, alfombras y joyas. Los marroquíes han dependido históricamente de estos mercados al aire libre para abastecerse a diario, ya que por los zocos pasaban comerciantes de todo el mundo. Gracias a su posición estratégica en el corazón de Marruecos, Marrakech recibía una extraordinaria variedad de mercancías, desde productos culinarios básicos hasta textiles decorativos. Cada zona está reservada a una mercancía en particular, de modo que hay calles enteras donde solo se venden babuchas amarillas de cuero y otras repletas de puestos de cerámica vidriada. Una excursión a los zocos es una prueba de cuánto tiempo se puede conservar el dinero en el bolsillo. Hay que prepararse para regatear, forma parte del funcionamiento del zoco.

1 Fuente Mouassine
🅿 J2

Dos calles brindan acceso a los zocos: Rue Mouassine y Rue Semmarine. La primera pasa junto a la mezquita Mouassine, que da nombre al barrio. Una calle a la derecha de la mezquita desemboca en una pequeña plaza con una fuente de cuatro pilones, tres para animales y uno para personas. Junto a ella, un arco conduce al Souk des Teinturiers.

2 Dar Cherifa
🅿 J2 🏠 8 derb Charfa Lahbir, Mouassine 🕐 10.00-24.00 ju-ma, 10.00-19.00 mi
🌐 dar-cherifa.com

Se puede llegar a esta bonita casa restaurada siguiendo las señales desde el principio del callejón situado frente al lateral de la mezquita Mouassine. El interior presenta exquisitos acabados en madera y escayola talladas, algunos originales del siglo XVI. La casa alberga un centro cultural con espacio para actuaciones y taller, además de un restaurante y un salón de té.

3 Fondacs

J2 ⌂ 192 Rue Mouassine

Al norte de la mezquita Mouassine, dejando atrás el Café Arabe *(p. 79)*, se puede contemplar un excelente ejemplo de fondac (antigua hospedería para mercaderes). Las estancias de la planta baja están ocupadas por talleres artesanales y las de arriba se emplean como almacén. Este fondac aparece en la película *El viaje de Julia* de 1998 como el hotel donde se alojan la actriz Kate Winslet y sus hijas.

4 Souk des Teinturiers

J2

El zoco de los tintoreros es una maraña de estrechos callejones, situada al sur de la mezquita Mouassine. Se convierte en un espectáculo de color cuando las madejas de lana recién teñida se tienden a secar. Los tintoreros van manchados de tintes rojos brillantes, morados y azules.

Talleres de tintoreros en el Souk des Teinturiers

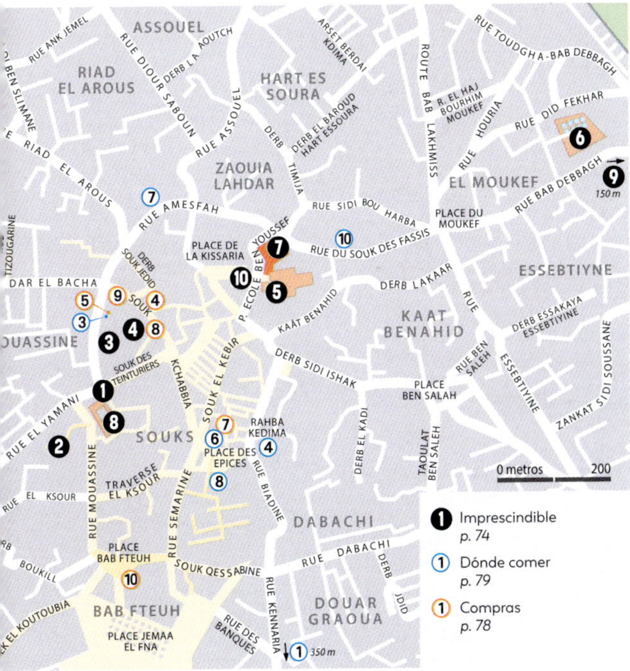

---

1 Imprescindible
p. 74

1 Dónde comer
p. 79

1 Compras
p. 78

Para alojamientos en la zona, ver p. 114

5 Musée de Marrakech
📍 K2 🏠 Place Ben Youssef
📞 0524 44 18 93 🕐 9.00-18.00 diario
📅 Fiestas religiosas 🔗

Este espléndido edificio, un palacio del siglo XIX, alberga la Fundación Omar Benjelloun, material etnológico y arqueológico y una amplia colección de obras de arte antiguo y contemporáneo. El antiguo *hammam* ha sido convertido en un insólito espacio de exposiciones. Aquí también se venden libros, té, café y pasteles.

6 Las curtidurías
📍 L1

Para visitar este barrio de la Medina hay que hacer de tripas corazón. El curtido de pieles se realiza artesanalmente empapando los pellejos en cubas. Parecen una caja de acuarelas, pero el olor que despiden de cerca es nauseabundo. Los guías reparten hojas de hierbabuena a los visitantes para que se las coloquen debajo de la nariz. Si se logra llegar tan lejos, se recomienda acercarse hasta la puerta Bab Debbagh *(p. 31)*.

7 Madraza Ben Youssef
Al norte del Musée de Marrakech, este bonito edificio alberga un importante centro de enseñanza. Esta escuela coránica del siglo XVI cuenta con pequeñas celdas sin ventanas en casas para alojar a varios centenares de estudiantes. Pero su mayor joya es el patio central, que combina bonitos alicatados policromados, molduras ornamentales de escayola y celosías de madera con un resultado abrumador.

8 Musée de Mouassine
📍 J2 🏠 4–5 derb el Hammam, Mouassine 🕐 9.30-19.00 diario
🌐 museedemouassine.com 🔗

En este modesto apartamento en una primera planta se realizó un descubrimiento notable. Escondido bajo el yeso había unos extraordinarios techos y paneles pintados. Resultó ser la residencia de un noble saadí y debajo de adiciones posteriores permanecía intacta la arquitectura del siglo XVI. Los visitantes pueden ver la restauración en marcha, y tomar el té en el café de la azotea.

BONITOS DE ROSA

Todos los edificios de la Medina están pintados de rosa. ¿Por qué? Lo dice la ley aprobada durante el Protectorado francés. En realidad, es color ocre, el de la tierra de la que antes se hacían los ladrillos. Los edificios modernos todavía tienen esta tradición rosácea del pasado, lo que convierte a la ciudad en un sueño para un fotógrafo, especialmente bajo la luz del alba y el atardecer.

...ran araña del patio del Musée
...e Marrakech

9 Muralla y puertas de la ciudad

...a muralla y las puertas de la ciudad
(p. 30), construidas en torno a la década
...e 1120, rodean la Medina. Aunque la
...uerta de Bab Agnaou, que está al
...este de las tumbas saadíes, se
...onsidera la más hermosa, la de Bab
...ebbagh da acceso a las curtidurías.
...a escalera interior de Bab Debbagh
...eva a un tejado desde el que se
...ontemplan unas espectaculares
...istas panorámicas de la ciudad.

10 Qubba almorávide

📍K2 🏛 Place Ben Youssef
📞0524 44 18 93 🕐8.30-18.00 lu-vi 💠

...ste edificio totalmente intacto del
...iglo XII es el único ejemplo en pie de
...rquitectura almorávide de la ciudad,
...o que lo convierte en el más antiguo
...e Marrakech. Construido por la
...inastía almorávide, se supone que
...s la zona de abluciones de la madraza
...en Youssef. Sus intrincados
...rcos apuntados recuerdan a las
...ezquitas andaluzas de la época
...el Califato.

...úpula de ladrillo de la Quuba
...lmorávide

MARRAKECH OCULTO

Mañana

Tantos recovecos hacen imposible
planificar un paseo por los zocos,
que conviene recorrer indepen-
dientemente. Sube por la Rue
Mouassine y gira a la izquierda frente a la mezquita Mouassine antes
de tomar la primera a la derecha a
Dar Cherifa (p. 47). Regresa a la Rue
Mouassine, gira a la izquierda en el
cruce y toma a la derecha la primera
calle, que pasa bajo un arco. Sigue
por el callejón de la izquierda y luego
a la derecha hasta el n.º 22 donde
está la excéntrica galería **Ministero
del Gusto** (solo con cita previa; 0524
42 64 55), que también es tienda. De
vuelta en la calle principal gira a la
izquierda hacia la **fuente Mouassine**
(p. 74) o desvíate para visitar el
Musée de Moussine. Sube hacia
el norte por Rue Mouassine y haz
una parada en el **Café Arabe** (p. 79)
para comer.

Tarde

Tras el café está el fondac que se hizo
célebre en El viaje de Julia, protagonizada por Kate Winslet (p. 75), gira a
la izquierda en la Rue Dar El Bacha,
llamada así por su palacio, que se
ha convertido en el **Museo Dar El
Bacha.** Muestra exposiciones temporales dedicadas al arte islámico, la
ciencia y el conocimiento. Deja atrás
la mezquita Bab Doukkala, atrave-
sando un mercado callejero hasta
la **puerta Bab Doukkala** (p. 30), y sal
de la Medina; camina hasta Guéliz
o toma un taxi de vuelta a Jemaa
el Fna.

Compras

**Selección de alfombras
en Mustapha Blaoui**

1. Mustapha Blaoui
⊙ H2 ⌖ 142 Rue Bab Doukkala
🌐 maisonblaoui.ma/welcome
En este almacén de productos
marroquíes Monseiur Blaoui vende
desde candelabros hasta armarios.

2. Ensemble Artisanal
⊙ H3 ⌖ Ave Mohammed V
☎ 0524 44 35 03
Gran almacén estatal de artesanía
marroquí. No es tan divertido como los
zocos, pero sí menos estresante.

3. Kulchi
⊙ J3 ⌖ 15 derb Nhhel 🌐 hulchi.com
Negocio de propiedad australiana que
vende bonitas alfombras, mantas
tejidas a mano, cerámica y otros
objetos.

4. Michi
⊙ J2 ⌖ 38 Souk el Kimakhin
Esta tiendecita propiedad de una pareja
japonesa tiene menaje marroquí y
artículos artesanales de estilo japonés.
Las babuchas marroquíes están
particularmente bien hechas.

5. WAFL Design
⊙ J2 ⌖ 202 Rue Mouassine
Un innovador concepto de tienda pop
art, con estilos y diseños atrevidos. Idea
para comprar recuerdos divertidos,
camisetas, pósteres y artículos para el
hogar.

6. Chabi Chic
⊙ H2 ⌖ 91 Rue Lalla Fatima Zahra
🌐 chabi-chic.com
En el interior del restaurante Nomad,
esta atractiva *boutique* vende cerámica
tradicional y moderna hecha a mano,
además de productos de belleza.

7. Bazar du Sud
⊙ K2 ⌖ 14 Souk des Tapis
🌐 bazardusud.com
Fundado en 1940, es uno de los
fabricantes de alfombras más
antiguos de Marruecos, con
posiblemente la mayor colección de
alfombras tejidas a mano y textiles
amazig, además de un servicio de
ventas muy profesional.

8. L'Art du Bain
⊙ K3 ⌖ 13 Souk el Badine
🌐 artdubain.fr
Esta tienda vende jabones artesanales,
desde el tradicional *savon noir* marroqu
hasta jabones naturales infundidos con
rosa o almizcle.

9. Zoco Cherifia
⊙ J2 ⌖ 184 Rue Mouassine, Medina
De las mejores paradas para comprar
ropa de diseñadores, accesorios y
artículos para el hogar, compuesta por
más de 20 *boutiques* independientes.

10. Beldi
⊙ J3 ⌖ 9–11 Rue Lahsour
☎ 0524 44 10 76
Esta pequeña *boutique* a la entrada de
los zocos vende colecciones de los
hermanos Toufik y Abdelhafid. Geniales
adaptaciones de ropa marroquí al gust
contemporáneo occidental.

Dónde comer

1. La Famille

K4 ⌂ 42 Rue Riad Zitoun Jdid ⊙ 12.00-15.30 ma-do ⊕ lafamillemarrakech.com · Dh

Este apacible restaurante con jardín sirve cocina mediterránea vegetariana.

2. La Maison Arabe

H2 ⌂ 1 derb Assehbé, Medina ⊕ cenizaro.com/lamaisonarabe

Cocina marroquí en el restaurante principal. Francesa, marroquí y asiática en Les Trois Saveurs.

3. Café Arabe

J2 ⌂ 184 Rue Mouassine ⊙ 10.00-24.00 diario ⊕ cafearabe.com · Dh Dh

Se sirve cocina italiana y marroquí en una azotea repleta de almohadones.

4. L'mida

K2 ⌂ 78 bis derb Nhhel Rahba Kdima ☎ 0524 44 36 62 ⊙ 12.00-23.00 diario · Dh

Ofrece giros modernos en platos marroquíes mientras se admira de las vistas de la ciudad desde la azotea.

5. Dar Moha

H2 ⌂ 81 Rue Dar El Bacha ⊙ 12.00-16.00, 19.30-22.00 diario ⊕ darmoha.ma · Dh Dh Dh

Aquí se sirven excepcionales platos junto a la piscina.

6. Café des Épices

K3 ⌂ 75 Rahba Lahdima ⊙ 9.00-23.00 diario ⊕ cafedesepices.ma · Dh

Encantador y tranquilo café donde poder descansar de los zocos.

7. Atay Café

K2 ⌂ 62 Rue Amesfah, Sidi Abdelaziz ☎ 0661 34 42 46 ⊙ 10.00-22.00 diario · Dh

Precioso y encantador cafecito con tres terrazas. Además de clásicos marroquíes sirve platos como raviolis, ensaladas y zumos.

8. Nomad

K3 ⌂ 1 derb Arjaan, cerca de Rahba Kedima ⊙ 12.00-23.00 diario ⊕ nomadmarrakech.com · Dh

Excelente restaurante contemporáneo propiedad de los mismos dueños del Café des Épices y la Terrasse des Épices, sobre el zoco Cherifia.

9. Pikala Café

H2 ⌂ 139 Arset Aouzal ⊙ 9.00-17.00 diario ⊕ pikalabikes.com · Dh Dh

Su saludable carta de temporada incluye desayunos, ensaladas y zumos caseros. También dispone de servicio de alquiler de bicicletas, espacio *coworking* y un completo programa de música en directo.

10. Le Foundouk

K2 ⌂ 55 Rue du Souk des Fassis ⊙ 19.00-24.00 ju-ma ⊕ foundouk.com · Dh Dh

Restaurante con mucho estilo, cocina francomarroquí y una romántica azotea.

Terraza a la luz de las velas en Le Foundouk

LA VILLE NOUVELLE

Hubo que esperar a la llegada de los franceses a comienzos del siglo XX para que Marrakech se extendiera más allá de las murallas de la medina. El gobierno colonial construyó una *ville nouvelle* con anchas avenidas, mansiones y parques. Con el tiempo, los marroquíes que aspiraban a mejorar su calidad de vida se mudaron a la zona nueva de la ciudad atraídos por sus cómodos sistemas de saneamiento, corriente eléctrica y circulación de vehículos. Conocido ahora como *Guéliz* –de *église*, palabra francesa para iglesia (en la zona está la primera de la ciudad)– la Ville Nouvelle está abarrotada de turistas visitando la faceta moderna de Marrakech. Las calles están repletas de buenos restaurantes, bonitas galerías, grandes centros comerciales y pequeños comercios. Por la noche se disfruta de una animada vida nocturna, con una estupenda combinación de bares y discotecas.

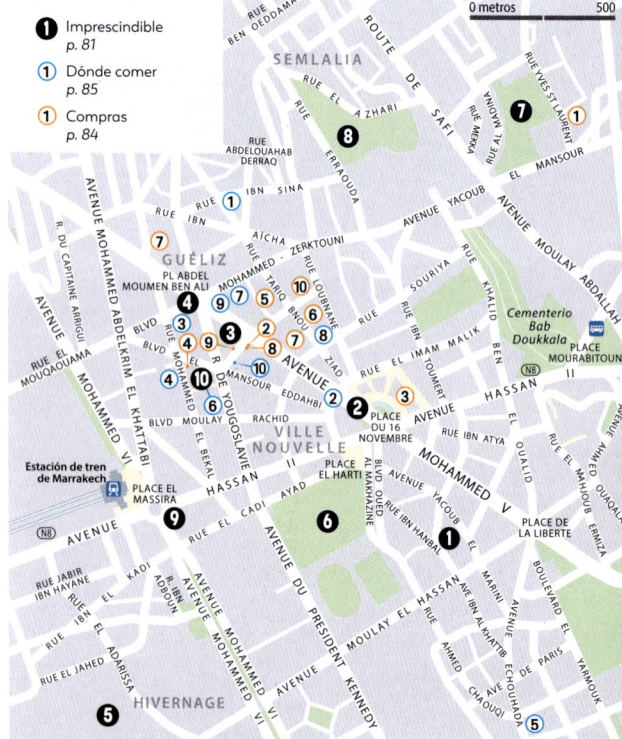

1 Imprescindible
  p. 81

1 Dónde comer
  p. 85

1 Compras
  p. 84

Para alojamientos en la zona, ver p. 116

Altar de la Église des Saints-Martyrs de Marrakech

1 Église des Saints-Martyrs de Marrakech

📍 C5 📬 Rue El Imam Ali, Guéliz
🕐 Para misas: 18.30 lu-sá, 10.00 do
🌐 eglisemarrakech.org

Construida en 1926, esta iglesia católica fue erigida en memoria de seis franciscanos del siglo XIII decapitados por el sultán como castigo por predicar el cristianismo. Su interior espartano está iluminado por las vidrieras de colores. El campanario hace tiempo que quedó ensombrecido por el alminar de una mezquita vecina. Hay servicio protestante en la biblioteca los domingos a las 10.30.

2 Avenue Mohammed V

📍 C5

La avenida Mohammed V es la espina dorsal de Marrakech. Une la ciudad antigua con la nueva en su trazado desde la Koutoubia hasta Jbel Guéliz (monte Guéliz). Tres grandes glorietas interrumpen su recorrido: la Place de la Liberté, con su moderna fuente, la Place du 16 Novembre, donde está la oficina central de correos, y la Place Abdel Moumen Ben Ali, corazón de la Ville Nouvelle.

3 Arquitectura morisca

La fusión de la arquitectura árabe local con los estilos europeos introducidos por los franceses dio lugar a la arquitectura morisca. La avenida Mohammed V está salpicada de estructuras de este estilo, sobre todo en los aledaños del cruce con la Rue de la Liberté, donde se pueden contemplar varios edificios de líneas claramente modernistas que no obstante incorporan soportales para proteger al viandante del sol.

4 Hotel La Renaissance

📍 C5 📬 89 Esquina de blvd Zerktouni y Mohammed V, Guéliz
🌐 renaissance-hotel-marrakech.com

Construido en 1952, La Renaissance fue el primer hotel del distrito de Guéliz, y se ha convertido en un edificio emblemático de Marrakech. La terraza de la azotea es un lugar perfecto para disfrutar de un delicioso cóctel y admirar el esplendor de la Koutoubia (p. 28) y el mercado de Jemaa el Fna. También ofrece unas espléndidas vistas de la zona elegante de Guéliz y de las montañas del Atlas. El hotel dispone de una estupenda piscina exterior.

5 Hivernage
C6

Situado al sur de Guéliz e inmediatamente al oeste de la muralla de la Medina, Hivernage es un pequeño barrio de calles tranquilas y arboladas. Su mezcla de mansiones y hoteles de cinco estrellas garantiza un ambiente apacible. Hay uno o dos buenos restaurantes en la zona, junto con el célebre local nocturno Comptoir Darna (p. 85).

6 Jnane El Harti
C5

Este pequeño y agradable parque situado junto a la Place du 16 Novembre fue creado por los franceses a modo de jardín formal y zoológico. Debe su nombre a su primer propietario, El Harti, un acomodado hombre de negocios marroquí, y es muy popular entre locales y visitantes. En un ensayo titulado *Marrakech*, George Orwell hacía mención a las gacelas que pastaban aquí. Numerosos letreros informan sobre las especies de plantas que crecen en los arriates. La plaza al otro lado de la verja acoge con frecuencia diversos eventos.

TIEMPO DE CINE

La ciudad ha sido una localización popular en Hollywood desde la década de 1950 y sigue apareciendo en éxitos de la pantalla, como *Sexo en Nueva York 2* (2010) o *Men in Black: International* (2019). Aficionados al cine, ricos y famosos bajan en diciembre a Hivernage para asistir al Festival Internacional de Cine de Marrakech. Se celebran actos por toda la ciudad.

7 Jardines Majorelle

A 10 minutos andando al este de la Place Abdel Moumen Ben Ali, estos encantadores jardines (p. 38) son una de las visitas obligadas de la Ville Nouvelle. Creados en las décadas de 1920 y 1930 por el pintor francés Jacques Majorelle, fueron propiedad del famoso modisto francés y residente por temporadas en Marruecos Yves Saint Laurent hasta su muerte en 2008. Abiertos al público, los jardines incluyen especies botánicas llegadas de todo el mundo, un museo amazig en el antiguo estudio de Majorelle, una tienda de regalos, una galería, un café y unos jardines conmemorativos a YSL. Al lado está el Musée Yves Saint Laurent.

Panteones en el Cementerio europeo

DE LA CIUDAD VIEJA A LA NUEVA

Mañana

Comienza junto a la **mezquita Koutoubia** (p. 28) y sube por la **Avenue Mohammed V** (p. 81). A pocos minutos, a la izquierda, está **Arsat Moulay Abdeslem** (p. 51), conocido como Ciber Park por su centro de Internet. Sal de la Medina por la Bab Nkob hasta la enorme glorieta de la **Place de la Liberté.** Pasada la plaza, toma la segunda calle a la izquierda y luego la primera a la derecha para contemplar la histórica **Église des Saints-Martyrs de Marrakech** (p. 81). Continúa hacia el norte por la avenida Yacoub Marini hasta llegar al parque **Jnane El Harti.** Cruza la Place du 16 Novembre para comer en el **Grand Café de la Poste** (p. 85).

Tarde

La calle del McDonald's conduce hasta el **Marché Central** (p. 84), que merece hacer este desvío de 15 minutos. Regresa a Mohammed V para visitar algunas de las mejores tiendas de la ciudad. La siguiente intersección importante, la Place Abdel Moumen Ben Ali, está presidida por el parisino **café Les Négociants** (p. 85), un buen lugar para tomarse un respiro. Este es el corazón de Guéliz; además de tiendas, hay varias galerías de arte interesantes cerca (p. 46) y excelentes opciones para comer y beber (p. 85).

8 **Cementerio europeo**
📍C4 🏠Rue Erraouda 🕐abr-sep: 8.00-19.00 diario; oct-mar: 8.00-18.00 diario

Al norte del Boulevard Mohammed Zerktouni hay un cementerio amurallado de la década de 1920. En él se encuentran enterrados muchos de los primeros habitantes de Guéliz. Una docena de misioneros protestantes ingleses también descansan aquí. Lo más destacable es la tumba de Kate Hosali, fundador de SPANA en 1923, una organización destinada a la protección de los animales de trabajo.

9 **Théâtre Royal**
📍B5 🏠Ave Hassan II 📞0524 43 45 16 🕐Los horarios varían, llamar con antelación

Esta impresionante obra maestra del célebre arquitecto Charles Boccara aparece rematada por una majestuosa cúpula. El interior ostenta un precioso patio alicatado que comunica un teatro al aire libre con capacidad para 1.200 espectadores y una ópera con 800 asientos.

10 **Barrio español**
📍B5

De la Rue de Yougoslavie sale en dirección oeste una calle flanqueada por singulares hileras de casitas adosadas. El callejón, con sus moreras, es el vestigio de la importante comunidad española que vivió en Marrakech.

Los enormes cactos y palmeras de los jardines Majorelle

Compras

Selección de artículos para el hogar en 33 Rue Majorelle

1. 33 Rue Majorelle
🗺 C4 🏠 33 Rue Yves Saint-Laurent, Guéliz 🌐 33ruemajorelle.com
Esta popular *concept store* vende ropa, accesorios, joyas y artesanía de diseñadores marroquíes.

2. Place Vendôme
🗺 B5 🏠 141 ave Mohammed V 📞 0524 43 52 63 🕐 9.00–13.00 y 15.00–19.00 diario
Aquí los artículos de cuero son de mucha más calidad que los que se venden en los zocos y tienen diseños de estilo y sabor más internacional.

3. Marché Central
🗺 C4 🏠 Rue Ibn Toumert
En este popular mercado se encuentra variedad de productos alimenticios, además de artesanía tradicional.

4. Maison ARTC
🗺 B5 🏠 96 Rue Mohammed el Beqa 🕐 11.00–20.00 lu–sá 🌐 maison artc.com
Al mando del visionario diseñador marroquí-israelí Artsi Ifrach, este lugar ofrece un ecléctico abanico de ropa de coloridos motivos y extravagante encanto.

5. Moor
🗺 B5 🏠 7 Rue des Vieux Marrakchis, Guéliz 📞 0524 45 82 74 🕐 do
Ropa y artículos del hogar magníficos, aunque algo caros.

6. Café du Livre
🗺 B5 🏠 44 Rue Tarik Bnou Ziad 📞 0524 44 69 21 🕐 do
Este paraíso para bibliófilos ofrece una variedad de títulos de todo el mundo. También cuenta con un café con acceso wifi, perfecto para una bebida o una comida rápida.

7. Galerie Birkmeyer
🗺 B5 🏠 169–171 Rue Mohammed El Behal 🕐 8.30–12.30 y 15.00–19.30 lu–sá, 9.00–12.30 do 🌐 galerie-birhemeyer.com
Buenos artículos de piel como chaquetas, bolsos y equipaje, además de ropa deportiva de diseñadores internacionales.

8. L'Orientaliste
🗺 B5 🏠 11 & 15 Rue de la Liberté 📞 0524 43 40 74 🕐 9.00–12.30 y 15.00–19.30 lu–sá, 10.00–12.30 do
Pequeña tienda con interesantes joyas, vasos de té y muebles antiguos. Conocida también por sus magníficos perfumes.

9. Atika Chaussures
🗺 B5 🏠 34 Rue de la Liberté, Guéliz 🕐 Do 🌐 atika-marrahech.com
Calzado de piel de buena calidad, en especial mocasines y zapatos en miles de colores adornan esta tienda de moda.

10. Scènes du Lin
🗺 B5 🏠 70 Rue de la Liberté 🕐 do 🌐 scenesdelin.com
Esta tienda de decoración ofrece una variedad de cortinas con bordados de Fez y y una selección de originales lámparas, además de muebles y accesorios para el hogar hechos a mano.

Dónde comer

1. Amal

B4 · Rue Allal Ben Ahmed, Guéliz · 8.30-12.30 y 12.00-15.30 diario · amalnonprofit.org · Dh

Cene aquí y apoye una organización sin ánimo de lucro que ayuda a mujeres desfavorecidas. Dan clases de cocina.

2. Grand Café de la Poste

B5 · Cruce de blvd El Mansour Eddahbi y Ave Imam Malik · 8.00-1.00 diario · grandcafedelaposte. restaurant · Dh Dh

El interior *art déco* de este café, construido en 1925, permanece casi intacto. El servicio puede ser irregular.

3. +61

B5 · 96 Rue Mohammed el Beqal · 12.00-16.00 y 18.00-21.00 lu-sá · plus61.com · Dh Dh

Un restaurante acogedor que ofrece cocina marroquí, pasta y *pizzas*.

4. La Trattoria Marrakech

B5 · 179 Rue Mohammed El Behal · 12.00-15.00, 19.00-24.00 diario · latrattoriamarrakech.com · Dh Dh

El mejor italiano de la ciudad ocupa una bonita villa con mesas junto a la piscina.

5. Comptoir Darna

C6 · Ave Echouhada · 19.30-1.00 diario · comptoirmarrakech.com · Dh Dh

Un lugar ideal para salir por la noche, con una excelente comida del norte de África como el tajín de marisco y el lomo de salmón, junto a opciones vegetarianas. En el piso superior tiene un elegante bar salón.

6. Sahbi Sahbi

B4 · 37 Boulevard Mansour Eddahbi, Guéliz · 19.00-1.00 ma-do · sahbisahbi.com · Dh Dh Dh

Moderno restaurante dirigido por mujeres, con una encantadora cocina abierta. Famoso por sus platos creativos.

7. Al Fassia

B5 · 55 blvd Mohammed Zerktouni · 12.00-14.30 y 19.30-23.00 mi-lu · alfassia.com · Dh

Excelente café sin florituras con un hermoso y tranquilo jardín.

8. Le Catanzaro

B5 · 42 Rue Tarik Bnou Ziad, Guéliz · 12.00-14.30 y 19.15-23.00 lu-sá · catanzaro.ma · Dh

Fiable restaurante franco-italiano que sirve *pizzas*, pasta y filetes.

9. Café Les Négociants

B5 · Cruce de Ave Mohammed V y blvd Mohammed Zerktouni · 7.00-23.00 diario · cafelesnegociants.com · Dh

Popular cafetería para tomar café.

10. MY Kechmara

B5 · 3 Rue de la Liberté · 9.00-24.00 lu-sá, 9.00-17.00 do · mykechmara-rooftop.com · Dh Dh

Bar restaurante de moda que no desentonaría en París.

El elegante comedor del MY Kechmara

ESSAOUIRA

Así como Marrakech luce un tono rosa uniforme, esta soleada población de la costa atlántica de Marruecos, situada a dos horas y media, presenta un azul y blanco muy náutico. La actual ciudad fue diseñada en gran parte en la década de 1760, cuando el arquitecto francés Théodore Cornut remodeló sus infraestructuras y famosa fortaleza. Su prosperidad alcanzó su cénit en los siglos XVIII y XIX, cuando se convirtió en punto neurálgico de la ruta caravanera entre el África subsahariana, el Atlas y Marrakech, atrayendo a mercaderes de toda la región. En el siglo XX cayó en el olvido, pero atrajo a multitud de hippies y personajes como Jimi Hendrix y Frank Zappa en la década de 1960 y a comienzos de la década de 1970. Hoy, el ambiente es tranquilo y agradable y solo se alborota al caer la tarde, cuando la flota pesquera regresa al puerto con la captura del día. Essaouira se conoce como "la ciudad ventosa" por el constante viento que sopla desde el mar.

1 El Mellah
🔲 Q1

Durante los siglos XVIII y XIX Essaouira contó con una numerosa comunidad judía que llegó a convertirse en el grupo económico más potente de la ciudad. De la comunidad no queda ninguno, y el barrio que ocupaban se encuentra en un estado lamentable. Se puede acceder al Mellah siguiendo los callejones pegados a la muralla, detrás de la Skala de la Ville. Los antiguos hogares judíos tienen balcones en la fachada; algunos conservan incluso inscripciones hebreas en el dintel.

Plato de cerámica marroquí hecho a mano

2 Place Moulay Hassan
🔲 N2

Esta plaza es el centro neurálgico de Essaouira. Consta de dos partes, una estrecha y alargada al norte y otra más abierta y amplia al sur. Está situada entre la Medina y el puerto, de tal forma que siempre se pasa por ella se vaya a donde se vaya. Está rodeada de pequeños cafés.

3 Playa
🔲 P2

La playa de Essaouira, ubicada al sur de la Medina, es una de las mejores de Marruecos. El fuerte viento que azota hace que en ocasiones haga frío, pero la playa está llena de windsurfistas y niños que juegan al fútbol.

4 Zocos
🔲 P1

En el corazón de la Medina hay un alegre mercado, el zoco Jdid, dividido en cuatro barrios. Hay puestos de pescado, especias y grano todos los días, y en la Joutia, una plaza porticada, se venden a diario objetos de segunda mano.

5 Muralla
🔲 N1

El aspecto actual de Essaouira data de 1765, cuando el gobernante local capturó a un barco francés y contrató a uno de sus pasajeros, que era arquitecto, para que reconstruyera el puerto. Fue entonces cuando se rodeó la ciudad con una imponente muralla defensiva, buena parte de la cual sobrevive actualmente. El tramo más impresionante es el de la Skala de la Ville, donde se puede pasear por encima de la muralla y explorar antiguos cañones.

La muralla de Essaouira vista desde la playa

Barcas de pesca en el puerto de Essaouira

6 Puerto
N2

El puerto de Essaouira, custodiado por una pequeña fortaleza cuadrada, la Skala du Port, sigue activo y conserva un astillero donde todavía hoy se construyen barcos de madera. La llegada de los pesqueros activa la venta diaria de 15.00 a 17.00. Este puerto suministra pescado fresco al mercado local y a numerosas marisquerías de la ciudad. Los visitantes pueden ver la subasta de pescado y degustar los productos frescos como las sardinas que se asan a la parrilla en el extremo del puerto de la Place Moulay Hassan.

7 Place Orson Welles
N2-P2

Situada entre la muralla de la Medina y la playa, esta pequeña plaza ajardinada honra al gran cineasta Orson Welles, que viajó a Essaouira en 1949 para rodar su versión de *Otelo*. Desde entonces, tanto la ciudad como sus alrededores han servido de localización de numerosas películas extranjeras, entre las que destacan *Alejandro Magno* de Oliver Stone y *El reino de los cielos* de Ridley Scott.

8 Galerie Damgaard
P2 **Ave Ohba Bin Nafia, Medina** **0524 78 44 46** **9.00-13.00 y 15.00-19.00 diario**

Durante casi un cuarto de siglo una generación de pintores y escultores ha convertido Essaouira en un importante centro de producción artística. Muchos de ellos saltaron a la fama gracias al danés Frederic Damgaard, un anticuario que dirigió esta influyente galería hasta su jubilación en 2006. Junto a su bien escogida selección de arte, esta galería privada es magnífica para comprar recuerdos y libros sobre arte y cultura local.

CIUDAD MUSICAL

A finales de la década de 1960 Essaouira fue un popular destino hippy por el que pasaron los músicos Jimi Hendrix y Frank Zappa o Cat Stevens (ahora Yusuf). La influencia hippy sigue presente: el Festival Gnaoua de Essaouira atrae todos los años a músicos de todas partes y constituye el mayor espectáculo de improvisación del mundo.

9 Musée Sidi Mohamed Ben Abdellah

⌖ N1 ⌂ Rue derb Laâlouj, Medina
☎ 0524 47 53 00
🕐 8.30-18.30 mi-lu

Este pequeño museo etnográfico, que debe su nombre al fundador de Essaouira, Mohammed Ben Abdellah, ocupa el edificio del antiguo ayuntamiento construido en el siglo XIX. Exhibe colecciones de artesanía, armas, alfombras, joyas y monedas antiguas de la zona, además de instrumentos musicales y accesorios utilizados por hermandades religiosas. Destacan también interesantes ejemplos de trajes tradicionales amazig y judías.

10 Medina

📍 P1

Como ocurre en Marrakech, la Medina de Essaouira es una maraña de estrechos callejones que, no obstante, resulta más fácil de recorrer gracias a la calle larga y recta que la atraviesa. Esta arranca en el puerto y sube hasta la puerta norte, Bab Doukkala, cambiando dos veces de nombre por el camino.

Las callejuelas de la Medina flanqueadas de tiendas

UN DÍA JUNTO AL MAR

Mañana

Visita Essaouira en una excursión de un día desde Marrakech. Toma un **autobús CTM** a primera hora de la mañana (p. 108) un autocar de Supratours (p. 108) a las 7.45, o un *grand taxi* en la parada que hay detrás de la estación de autobuses para llegar a la ciudad sobre las 10.00 o las 11.00. Entra por **Bab Marrakech**, y sigue la Rue Mohammed el Quorry hasta el cruce principal de la Medina, el centro neurálgico de los **zocos** (p. 26). Camina hacia el sur por la Avenue de L'Istiqlal, gira la primera a la derecha para llegar a la comercial **Rue Attarine.** La primera a la izquierda conduce a la **Place Moulay Hassan** (p. 87), perfecta para tomar algo en el Café Bachir.

Tarde

Desde el puerto regresa a la Place Moulay Hassan y gira a la izquierda a la altura del famoso café **Taros** (p. 90) por la estrecha **Rue de la Skala,** que avanza pegada al imponente muro del rompeolas y alberga algunos talleres de madera. Tras un breve paseo sube a la **muralla** (p. 87) para disfrutar de las magníficas vistas. Tras bajar de la muralla continúa hasta el Mellah (p. 87). Callejea por los zocos, y recorre la Avenue de L'Istiqla en dirección sur. Gira a la izquierda por la Avenue du Caire, sal por Bab Es Sbâa y gira a la derecha para ir a la **playa** (p. 87). **Le Chalet de la Plage** (p. 91) es perfecto para disfrutar de una cena junto al océano.

Música en directo

1. Gnaoua World Music Festival
📍N2 🏠Place Moulay Hassan (sala principal) 🌐festival-gnaoua.net
Celebrado cada mes de junio, este festival de música africana y del estilo gwana es el mayor acontecimiento cultural de la ciudad.

2. Il Mare
📍P1 🏠Rue Yemen 43 🌐ilmaressaouira.com
Abierto para cenas y copas, es el mejor local de la ciudad para disfrutar de actuaciones en directo todas las noches.

3. D'Jazy Essaouira
📍P2 🏠Complexe Commercial Bin Al Aswar 📞0607 17 60 12 🏠ma-sá
Un club de jazz fusión con música en directo desde las 21.00. Bar con excelentes cócteles y tentempiés.

4. Salut Maroc
📍N1 🏠32 Rue Ibn Rochd 🌐salutmaroc.com
La azotea de este hotel cobra vida por la noche con actuaciones frecuentes de músicos locales.

5. Beach and Friends
📍P3 🏠Ave Mohammed V 📞0524 47 45 58
Bar de playa con estupendas tapas y música en directo tranquila por las tardes y noches.

6. Ocean Vagabond
📍P3 🏠4 blvd Lalla Aichaangle 📞0524 47 42 85
Cenas informales con música en directo de DJ o artistas locales.

7. Taros
📍N2 🏠Place Moulay Hassan 📞0524 47 64 07
Al borde de la Medina, este café ofrece actuaciones de DJ en su terraza del ático, con ritmos de todo el mundo.

8. So Lounge
📍F3 🏠Domaine Mogador, Diabat 🌐sofitel.accor.com
En esta estupenda discoteca de los jardines del Sofitel Marrakech, DJ nacionales e internacionales ofrecen los últimos éxitos.

9. Mega Loft
📍P2 🏠35 Ave de l'Istiqlal 📞0613 98 19 87
Cada noche, los DJ de este popular club ofrecen música nacional e internacional.

10. Place Moulay Hassan
📍N2
La plaza central de Essaouira cobra vida cada noche con músicos gnawa tocando el gimbri, una especie de laúd de tres cuerdas que produce sonidos hipnóticos.

Festival Gnaoua y Músicas del Mundo, en Essaouira

Dónde comer

Comedor de la terraza de Taros

1. Puestos de pescado del puerto

N2 · Place Moulay Hassan · Dh
La mejor comida de Essaouira es el
pescado fresco recién llegado a puerto
que se prepara a la parrilla en varios
puestos de la zona de la Place Moulay
Hassan.

2. La Fromagerie

A1 · Douar Larabe, Route Côtière
de Safi · 0666 23 35 34 · 12.00-
24.00 diario · Dh Dh
Pequeño restaurante ubicado en una
ladera a 10 minutos en taxi de la
Medina. Todos los platos llevan queso
y se elaboran *in situ*.

3. Le Chalet de la Plage

P3 · Blvd Mohammed V
0524 47 59 72 · 12.00-14.30 y
18.30-22.30 · Dh Dh
Situado en un entorno magnífico frente
a la playa, equiparable a la calidad del
pescado y marisco frescos que sirve.

4. Les Alizés Mogador

N1 · 26 Rue de la Skala · 0524 47
68 19 · 12.00-15.30 y 19.30-23.00
diario · Dh
Este restaurante sirve abundantes
raciones de cocina marroquí.

5. La Table Madada

P2 · Rue Youssef El Fassi · 0524
47 21 06 · 7.00-22.00 mi-lu · Dh Dh
El *riad* La Madada es uno de los lugares
más bonitos de la ciudad. El menú
marroquí contemporáneo se centra en
el pescado fresco y el marisco atlántico,
junto con las verduras del mercado.

6. Umia

N2 · 22 Rue de la Skala · 0524 78
33 95 · 19.00-24.00 mi-lu · Dh Dh
En este restaurante francés destacan
los raviolis de langosta y el *fondant* de
chocolate.

7. Triskala Café

N1 · Rue Touahen · 0643 40 55 49
12.30-15.30 y 18.30-22.00 diario · Dh
En las murallas del puerto de la ciudad,
en salas tipo cueva, se sirve una carta
que cambia a diario y consta de pescado
fresco y platos vegetarianos y veganos.

8. Zahra's Grill

N2 · Rue Amira Lalla Meriem
0661 90 57 22 · 13.00-15.00, 19.00-
21.30 diario · med nov-med mar ·
Dh
Fabuloso marisco, desde ensalada de
pulpo hasta *risotto* de langosta.

9. Côté Plage

Q3 · Blvd Mohammed V · 0524
47 90 00 · Dh Dh Dh
Parte del complejo MBeach Sofitel, este
café de playa sirve tapas y carnes a la
barbacoa.

10. Taros

N2 · Place Moulay Hassan
0524 47 64 07 · 10.00-24.00 lu-sá
· Dh Dh
Disfrute de una carta de platos
franceses y marroquíes. Casi todas las
noches hay música en directo.

Una calle de la Medina de Essaouira

PUERTO DE TIZI-N-TEST

El altísimo Tizi-n-Test, el más occidental de los dos grandes puertos del Atlas, se puede atravesar por la carretera R203 en dirección a Taroudant. Aunque la distancia entre las dos ciudades es de solo 223 km, las tortuosas curvas de la carretera requieren tanto cuidado que el viaje dura casi cinco horas, sin incluir las paradas para ver las vistas por el camino. La autopista que sube a la cumbre es una notable obra de ingeniería. Construida por colonialistas franceses entre 1926 y 1932, fue la primera carretera moderna que comunicaba Marrakech con las llanuras del Souss y el Atlas con el Sáhara. Los viajeros sin vehículo propio ni *grand taxi* pueden realizar el viaje en transporte público: los autobuses hacia el sur parten de Marrakech cada mañana. Desde noviembre hasta abril el paso puede estar cerrado por la nieve.

- ❶ Imprescindible
  p. 95
- ① Más allá del puerto
  p. 98

Para alojamientos en la zona, ver p. 116

El pintoresco puerto Tizi-n-Test en el Alto Atlas

1 Puerto de Tizi-n-Test
🅿 B2

Este imponente puerto a 2.092 m de altitud apenas pueden disfrutarlo los conductores, que en ningún momento deben apartar la mirada de la sinuosa carretera. La estrecha carretera, sin vallas protectoras, hace que no haya demasiadas oportunidades de disfrutar de las hermosas vistas. Los acompañantes pueden disfrutar de las espectaculares vistas sobre las llanuras del Souss hacia el sur.

2 Ouirgane
🅿 C2

Un precioso pueblecito 16 km al sur de Asni que se halla oculto entre el frondoso valle sobre el río Oued Nifis. Aquí hay un santuario consagrado a un santo judío y dos fábricas de sal (una moderna y otra tradicional). El pueblo es una base excelente para hacer senderismo, a pesar de los importantes daños causados por el terremoto de 2023, aún visibles *(p. 96)*.

3 Asni
🅿 C2

El pueblo está enclavado en un cruce de la carretera: un desvío a la izquierda sube al pueblo de Imlil y a las impresionantes kasbas de Tamadot *(p. 117)* y Toubkal *(p. 116)*. El Jbel Toubkal preside el paisaje al oeste, pero Asni en sí ofrece poco interés aparte de algunas tiendas de regalos (aunque Marrakech es más barato). Su principal atracción es el mercado rural de los sábados, que es uno de los más grandes del Atlas.

4 Taroudant
🅿 B2

Construido con las rentas del oro obtenido del Sáhara, Taroudant fue la capital de la dinastía saadí a comienzos del siglo XVI. Actualmente, rodeada por una imponente muralla ocre, la ciudad parece una versión en miniatura de Marrakech. Tiene una majestuosa kasba y algunas curtidurías, además de dos estupendos zocos.

Selección de artículos en el zoco de Taroudant

5 Tahanoute
☑ C1

Este centro administrativo queda a solo 20 minutos en coche al sur de Marrakech. El casco antiguo muestra una cascada de casas de adobe rojizo enclavada en torno a un fabuloso peñasco que cobija el santuario de Sidi Mohammed el Kebir. Celebra un festival con ocasión del Mulud, el aniversario del nacimiento del Profeta. Este pueblo sirvió de inspiración para el último cuadro que pintó Winston Churchill en 1958. Los martes hay un mercado rural.

6 Moulay Brahim
☑ C2

Al sur de Tahanoute, la carretera asciende hasta Moulay Brahim, que debe su nombre a un santo local. El santuario de tejado verde se sitúa en medio del pueblo y no se permite la entrada a no musulmanes.

7 Jbel Toubkal
☑ C2

En Asni, un desvío a la izquierda conduce a Imlil *(p. 64)*, situado al pie del Jbel Toubkal, el pico más alto del norte de África. Su ascenso no reviste particular dificultad pero hay que tener en cuenta la altitud y el terreno

EL GRAN TERREMOTO DE 2023

En septiembre de 2023, un devastador terremoto asoló esta zona del Alto Atlas. Aunque su reconstrucción sigue en marcha y las zonas de la región se están reabriendo gradualmente, es importante informarse sobre aquellas que siguen cerradas antes de visitar la zona.

pedregoso. En el *bureau des guides* del pueblo se pueden contratar guías *(p. 116)* *(0524 48 56 26)*. La Kasbah du Toubkal es un buen lugar para alojarse.

8 Lalla Takerkoust
☑ C2

Lalla Takerkoust es famosa por su gran lago artificial y sus vistas del Atlas. Sus alrededores se cubren de flora durante la temporada de cosecha, herencia de las flores que plantaron aquí los nómadas saharauis a principios del siglo XVIII, aunque la localidad tiene muchos más encantos. Numerosas rutas

de senderismo recorren los campos y se puede practicar el piragüismo. En la zona hay también varios hoteles y restaurantes.

9 Kasbah Talaat-n-Yacoub
🗺 C2

Al sur de Ouirgane, la carretera asciende por el rocoso paisaje. Tras atravesar la aldea amazig de Ijoujak, se divisa a la derecha, en lo alto del monte, la imponente Kasbah Talaat-n-Yacoub. Antiguamente fue la fortaleza de la tribu goundafi, que controló el acceso al puerto de Tizi-n-Test hasta comienzos del siglo XX.

10 Meseta de Tichka
🗺 B2

Esta alta meseta se encuentra al norte de Taroudant. En primavera ofrece un aspecto espectacular y aunque es perfecta para hacer senderismo se disfruta mejor si se va acompañado de un guía cualificado. En el *bureau des guides* de Imlil (*p. 64*) se puede contratar uno.

Montañero ascendiendo por el nevado Jbel Toubkal

UN DÍA EN TAROUDANT

Mañana

Aunque a primera vista **Taroudant** (*p. 95*) evoca un Marruecos más deteriorado, posee una identidad más africana que árabe. Comienza el recorrido en la **Place El Alaouyine**, más popularmente conocida por su nombre amazig Place Assareg. Camina por el **Boulevard Mohammed V** hacia el este hasta el **zoco Arabe**, notable por sus anticuarios. En el linde del zoco, la **Boulangerie El Widad** (*+212 5288 52150*), en el Boulevard Mohammed V, ofrece sabrosos dulces marroquíes. Al sur de la calle principal, cruzando la plaza el Nasr, se encuentra el **zoco Berbère,** principal mercado de fruta y verdura. Regresa hacia el norte por la **Avenue Bir Anzarené** y gira a la derecha para probar los excelentes tajines de **Chez Nada** (*15 ave Moulay Rachid*).

Tarde

Recorre la **Avenue Moulay Rachid** hacia el este flanqueada por naranjos, para llegar a las puertas saadíes de tres arcos de **Bab El Kasbah.** Estas conducen al **barrio amurallado de la Kasbah,** construida por Mohammed ech-Cheikh, quien la convirtió en la capital del imperio saadí. Es la zona más pobre de la ciudad, pero alberga el antiguo palacio del gobernador. Haz una parada en uno de sus cafés y luego vuelve a Bab El Kasbah. Toma un taxi para regresar a la Place El Alaouyine.

Más allá del puerto

1. Taznakht
C2
A unos 85 km al este de Taliouine, bajo el Jbel Siroua, se encuentra esta ciudad famosa por sus alfombras, tejidas por la tribu ouaouzgite. Cada alfombra, hecha a mano, tiene un diseño único. También se puede aprender sobre las distintas técnicas de tejido.

2. El Atlas
B2
La cordillera del Atlas cruza Marruecos en diagonal. Al norte está el Atlas Medio, de menor altura, cubierto de pinos de Alepo y cedros del Atlas. Más al sur se alzan las cumbres del Alto Atlas, como el Jbel Aoulime, de 3.555 m de altitud, al que se accede desde una carretera al norte de Taroudant.

3. Taliouine
C2
Situada entre dos cadenas montañosas, la ciudad de Taliouine alberga una kasba que perteneció a los Glaoui. Aunque en ruinas, sigue habitada. Además, es una de las mayores zonas de cultivo de azafrán del mundo.

4. El Anti Atlas
C3
En el km 94 de la R106 desde Taliouine que atraviesa el Anti Atlas, Igherm es un importante pueblo de montaña con mujeres vestidas de negro con cintas de pelo de colores. El pueblo es la base de la tribu ida oukensous, famosa por fabricar puñales y pistolas. Las casas están construidas en piedra rosa con ventanas perfiladas en azul.

5. Tioute Kasbah
B3
Unos 37 km al sureste de Taroudant, Tioute Kasbah se eleva imponente en medio de un palmeral. Sirvió de localización en la película *Alí Babá y los cuarenta ladrones* de 1954 y es el lugar perfecto para disfrutar de un pícnic. Cerca, a orillas del Wadi Souss, que atrae a numerosas aves migratorias, se alza la antigua kasba de Freija, hoy deshabitada.

La orilla del inmenso Parque Nacional de Souss Massa

cafés y tiendas. Renombrados artesanos siguen trabajando la plata y produciendo preciosas joyas amazig y sables con incrustaciones.

9. Sidi Ifni
Este pueblo colonial se eleva en la cresta de una rocosa meseta desde donde se domina el Atlántico. Para llegar hay que seguir la carretera panorámica desde Tiznit. Antiguo enclave costero español, Sidi Ifni sigue conservando su influencia y hoy es un popular centro de surf.

10. Tafraoute
🅿 B3

A 1.200 m de altitud, Tafraoute se halla enclavada en el corazón de un valle del Anti Atlas, con frondosos palmerales y almendros que se cubren de flores rosas y blancas en febrero. La ciudad es territorio de los ameln, la más conocida de las tribus del Anti Atlas, famosos por su habilidad como comerciantes de seda. También es un centro de fabricación de zapatillas de cuero con punta redonda.

6. Parque Nacional de Souss
🅿 A3

Este parque se extiende a lo largo de las orillas del Wadi Massa, cubierto de cañaverales habitados por flamencos de la Camarga y España e ibis calvos en peligro de extinción. El mejor momento para ver las aves es por la mañana, de marzo a abril y de octubre a noviembre.

7. Agadir
🅿 A3

Tras ser reducida a escombros por un terremoto en 1960, Agadir fue reconstruida y ahora es un próspero destino turístico. Gracias a su clima suave, playa protegida y gran oferta hotelera es la segunda ciudad más popular del país tras Marrakech.

8. Tiznit
🅿 A3

En este pueblo de murallas rosadas de tapial se puede sentir la proximidad del océano y el desierto. Su céntrica plaza de armas o *méchouar* está rodeada de

Tafraoute, dominada por una formación rocosa

PUERTO DE TIZI-N-TICHKA

La carretera N9 parte de Marrakech en dirección sur y cruza el Atlas por el puerto más alto del país. A continuación desciende hasta Ouarzazate, considerada la puerta al Sáhara. Por el camino quedan atrás lugares tan interesantes como las kasbas de Telouet y Aït Benhaddou. La ruta tiene 196 km y hay tramos de curvas cerradas que exigen precaución al volante, y que alargan el viaje a casi cuatro horas. También se puede alquilar un *grand taxi* o un coche, o tomar uno de los numerosos autobuses que recorren la ruta a diario y parten de la estación central de Marrakech. Compañías de transporte como Supratours realiza viajes diarios a Ouarzazate.

1 Aït Ourir
C1

Este pueblo a 35 km de Marrakech, situado a los pies del Atlas, se llena de vida los viernes cuando los agricultores comercian camellos, ovejas y otros productos del campo en un mercado rural semanal. Constituye un entretenido alto en el camino al que merece la pena dedicar una hora o más.

2 Taddert
C1

Pasado Aït Ourir, la última parada antes de llegar al puerto es el pueblo de Taddert. En la parte más elevada hay algunos buenos cafés que ofrecen estupendas vistas sobre el valle. Cuando el puerto permanece cerrado debido al mal tiempo, se baja una barrera para detener el tráfico.

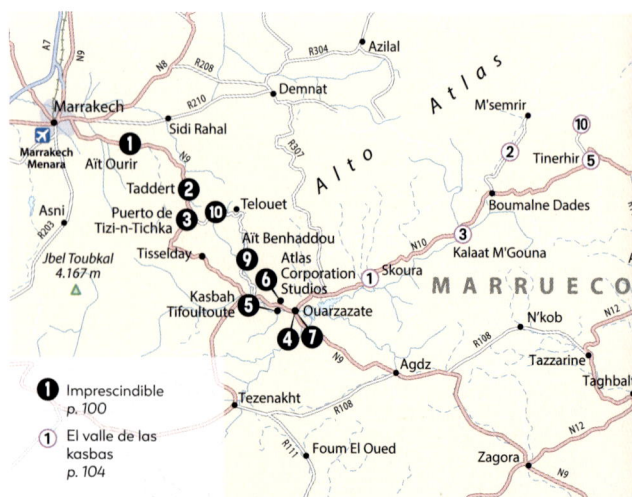

- **1** Imprescindible
  p. 100
- **1** El valle de las kasbas
  p. 104

Para alojamientos en la zona, ver p. 117

El espectacular puerto de Tizi-n-Tichka

3 Puerto de Tizi-n-Tichka

🚗 C2

A partir de Taddert el paisaje da paso a parajes yermos y abruptos y la carretera avanza tortuosa al borde de profundos barrancos. Sus 2.260 m de altitud lo convierten en el puerto más alto de Marruecos, con una carretera en la que solo hay varios puestos que venden rocas. Aunque algunas de estas rocas son falsas, las verdaderas muestran resplandecientes formaciones de cristales cuando se rompen.

4 Kasbah Taourirt

🚗 D2 🕐 8.00- 17.00 diario 🚗

Esta enorme kasba que perteneció a los Glaoui es lo más interesante de Ouarzazate. Presenta zonas todavía habitadas, y otras han sido restauradas por la Unesco. La atmósfera que emanan sus estrechas calles produce la impresión de que la vida en la kasba no ha cambiado desde el siglo XIX.

5 Kasbah Tifoultoute

🚗 D2 🕐 8.00-17.00 diario

A las afueras de Ouarzazate, esta kasba también perteneció a los Glaoui. Aunque semiderruida en algunas zonas, parte de ella ha sido reconstruida y aloja ahora un hotel y un restaurante.

Encantador patio central de Kasbah Tifoultoute

Set de los famosos Atlas Corporation Studios

6 Atlas Corporation Studios

🏛 D2 📞 0524 88 22 12 🕐 8.15–18.45 diario 🎟🎫

Ouarzazate se ha convertido en el corazón de la industria cinematográfica marroquí y es la sede de los Atlas Corporation Studios. Situados 6 km al norte de la localidad, se construyeron para proporcionar infraestructura, estudios de sonido y sets para películas; entre los filmes grabados aquí se incluyen *Gladiator* y *El reino de los cielos,* y la serie *Juego de tronos.* Los cinéfilos pueden ver sets como el templo egipcio de la producción francesa de *Asterix y Cleopatra.* Los estudios ofrecen visitas guiadas cada 20 a 40 minutos. Un autobús conecta el estudio y la Avenue Mohammed V.

7 Ouarzazate

🏛 D2

La Puerta del Sáhara (pronunciada *warzazat)* es una ciudad de unos 60.000 habitantes. Los viajeros suelen pasar por lo menos una noche aquí antes de adentrarse en el desierto o de poner rumbo al este en dirección a la garganta del Dadès *(p. 104).* La oferta hotelera de la ciudad es cada vez mayor y la calidad mejora constantemente. La zona ofrece multitud de actividades interesantes: paseos a camello, quad, safaris por el desierto o visitas guiadas a los estudios de cine a los que la ciudad debe su fama.

8 El valle de las kasbas

Desde Ouarzazate los visitantes pueden continuar hacia el este a través del valle de Skoura por una carretera salpicada de oasis y de los antiguos bastiones de barro cocido que brindan a la ruta su romántico apodo *(p. 104).* La carretera finaliza en Merzouga, a 562 km de Marrakech. No hay nada más que dunas desde aquí hasta la frontera argelina.

9 Aït Benhaddou

🏛 D2

Esta kasba, declarada Patrimonio de la Humanidad por la Unesco, es la mejor conservada de la zona. También es la más famosa por ser una localización cinematográfica muy popular, inmortalizada en decenas de películas de Hollywood, entre ellas *Lawrence de Arabia, La última tentación de Cristo, La momia, Gladiator* y *Alejandro Magno.* Debe parte de su encanto a su emplazamiento en una ladera junto al río Ouarzazate. Parte de la kasba sigue habitada por unas pocas familias.

La kasba fortificada de Aït Benhaddou

THAMI EL GLAOUI

En 1893, la tribu Glaoui de Telouet fue recompensada por rescatar al sultán Moulay Hassan y su ejército de una ventisca. Bajo el Protectorado francés Thami el Glaoui fue designado pachá (señor) y se convirtió en uno de los hombres más poderosos del país. Detestado por apoyar a los franceses, murió poco después de que Marruecos lograra la independencia en 1956.

10 Kasbah Telouet
C2

Dominada por su kasba, la pequeña localidad de Telouet fue la plaza fuerte de la tribu Glaoui que a principios del siglo XX llegó a gobernar el sur de Marruecos bajo el Protectorado francés. La familia Glaoui dominó el comercio de la sal gracias al emplazamiento de la kasba en la ruta caravanera cercana a las mayores minas de sal de la zona. Tras medio siglo de abandono, su estructura está muy dañada, pero se puede visitar el salón de audiencia y la azotea, desde la que se contemplan unas espectaculares vistas.

HACIA EL DESIERTO, AL SUR

Primer día

Desde **Ouarzazate** la carretera continúa hacia el sur a través del **valle del Draa** hasta el centro administrativo de **Zagora.** El viaje dura cuatro horas por lo que puedes parar en **Tamnougalt,** un imponente *ksar* (pueblo fortificado) situado a 10 minutos de la carretera principal y a 5 km del pequeño pueblo de Agdz. Más al sur está **Kasbah Timiderte,** una fortaleza de la época de los Glaoui. Zagora aparece dominada por el **Jbel Zagora.** El alegre mercado que se celebra aquí los miércoles y los domingos ofrece toneladas de dátiles, que se cultivan en abundancia en la zona. Al sur del centro está la aldea de **Amezrou,** y muy cerca, la **Kasbah des Juifs,** habitada por plateros amazig. Lo más famoso de Zagora es el curioso cartel con una caravana de camellos donde se puede leer: "Tombuctú, 52 días ".

Segundo día

El pueblo de **M'Hamid** está a 96 km al sur de Zagora. De camino, la mezquita y santuario de **Tamegroute** permanecen cerrados a los no musulmanes pero sí se puede visitar la biblioteca y su colección de manuscritos antiguos. Más adelante, en **Tinfou,** a 5 km, puedes divisar la primera de sus dunas, pero para acceder a las mejores tienes que llegar a **M'Hamid,** una tranquila localidad con una sola calle situada al final de la carretera.

El valle de las kasbas

1. Skoura
📍 D2

El primer pueblo al este de Ouarzazate destaca por su ambiente tranquilo y su palmeral repleto de kasbas antiguas, entre ellas Kasbah Amridil (en parte hotel, en parte museo), que antiguamente perteneció a la familia Glaoui. El interior restaurado de la kasba está abierto al público. Los lunes y jueves, los zocos ofrecen una selección de productos locales.

2. Garganta del Dadès
📍 E1

La carretera que sale hacia el norte desde Boumalne Dadès llega a la espectacular garganta, que destaca sobre el paisaje rocoso. Las riberas cultivadas del Wadi Dadès están rodeadas de almendros, higueras, nogales y álamos.

3. El Kelaa M'Gouna
📍 D2

Esta pequeña localidad, cuyo nombre significa "fortaleza", descansa en el corazón de la región de las rosas. En el siglo X, los peregrinos que regresaban de la Meca trajeron la rosa damascena a Marruecos. Estas flores han desarrollado una resistencia al frío y la aridez, y hoy la mayoría de los pétalos recolectados cada primavera se exportan a todo el mundo para su uso en la industria perfumera.

4. Merzouga
📍 F2

Este pequeño oasis sahariano atrae a cientos de flamencos, cigüeñas y otras aves migratorias. Famoso por su ubicación al pie de las dunas de Erg Chebbi, al amanecer y atardecer, el crepúsculo tiñe la arena de fascinantes colores. Los conductores de camellos ofrecen excursiones por el desierto que varían de una hora a dos días.

5. Tinerhir
📍 E1

Esta animada ciudad, construida sobre un promontorio rocoso, está rodeada de frondosos palmerales. Con varias minas de plata en activo, Tinerhir es conocida por su joyería. Al sureste se extiende el interesante conjunto arquitectónico de Aït el-Haj Alí, el antiguo Mellah (barrio judío).

6. Goulmima
📍 E1

En el corazón del oasis de Rheris, varios pueblos fortificados (*ksours*) rodean la

La espectacular Kasbah Amridil en el oasis de Skoura

aldea de Goulmima. Sus torres, bastante altas, protegían durante las guerras feudales a sus habitantes de las incursiones de los Aït Atta, que venían a saquear sus cosechas. El pueblo amurallado al este de la carretera de Erfoud merece el desvío.

7. Errachidia
F1

Errachidia se convirtió en la principal ciudad de la provincia gracias a su posición estratégica entre el norte y el sur de Marruecos, y entre la costa atlántica, Figuig y la frontera argelina. También es conocida por su alfarería y porque aquí comienzan los palmerales de Ziz y Tafilalt.

8. Erfoud
F1

Este pueblo es idóneo para explorar las gigantescas dunas de Erg Chebbi y el palmeral de Tafilalt. En octubre celebra durante tres días el Festival del Dátil con ocasión de su cosecha anual.

9. Rissani
F1

A orillas del Sáhara, esta antigua ciudad del siglo VII alberga un conocidísimo zoco. Al este, el desierto de piedra de Hammada du Guir es famoso por sus tormentas de arena.

10. Garganta del Todra
E1

Esta garganta flanqueada por imponentes paredes de roca cobija en su extremo norte el pueblo de Tamtattouchte. Estos acantilados, los más impresionantes del sur de Marruecos, son famosos entre los escaladores experimentados. Cuenta con dos buenos hoteles para pernoctar.

El Wadi Todra fluyendo por la garganta del Todra

DATOS ÚTILES

Sirviendo un té de menta marroqu.

CÓMO LLEGAR Y MOVERSE

Ya sea a pie o usando el transporte público, aquí está toda la información necesaria para recorrer la ciudad y sus alrededores como un marrakechí.

PRECIO DEL TRANSPORTE PÚBLICO

MARRAKECH CENTRO CIUDAD

10 Dh

Billete sencillo *petit taxi* dentro de la ciudad

MARRAKECH A ESSAOUIRA

95 Dh

Billete sencillo de autobús

MARRAKECH A OUARZAZATE

100 Dh

Asiento en *grand taxi*

LÍMITES DE VELOCIDAD

AUTOPISTA

120 km/h

CARRETERA NACIONAL

100 km/h

ZONA URBANA

60 km/h

Llegada en avión

El **aeropuerto de Marrakech** (RAK), que se halla a 5 km de la Medina, da servicio a la ciudad. **Royal Air Maroc** es la aerolínea nacional, con servicios internacionales regulares. Los vuelos más baratos suele ofrecerlos la compañía **Ryanair.** Desde España, **Iberia** y **Air Europa** operan vuelos directos desde Madrid y Barcelona; otras vuelan a Casablanca, donde hay que cambiar de aerolínea; también se puede hacer escala en algún aeropuerto europeo, como Madrid.

Al llegar hay que rellenar un impreso antes del control de pasaportes. Hay taxis esperando a la salida del vestíbulo de llegadas, aunque sus precios son elevados; es preferible acudir al mostrador de reservas de taxis del aeropuerto para pagar el servicio con antelación o acercarse a los taxis del aparcamiento acordando un precio antes de partir. También hay un autobús (n.º19), que parte cada 30 minutos y va hasta Jemaa el Fna pasando por todos los principales hoteles.
Aeropuerto de Marrakech
🅆 marrakeshairport.info

Viajar en tren

Marruecos no tiene una red ferroviaria muy extensa, pero el servicio es excelente. Los servicios de tren desde Casablanca, Fez, Rabat y Tánger llegan a la **estación de tren ONCF** de Marrakech. Desde la estación hay un corto paseo al centro de Guéliz o 10 minutos en taxi a Jemaa el Fna, para ir a la Medina.
Estación de tren ONCF
🅆 oncf.ma

Viajar en autobús

Hay autobuses de largo recorrido que conectan ciudades y pueblos. Las principales compañías son **CTM** y **Supratours**. Los autobuses son cómodos y baratos. En rutas concurridas como la de Marrakech a Essaouira o la de Casablanca a Marrakech, hay que reservar asiento con antelación.

CTM
🔵 ctm.ma
Supratours
🔵 supratours.ma

Grand taxi

Una alternativa al autobús de larga distancia es el *grand taxi* o taxi compartido. Estos suelen ser berlinas Mercedes, aunque cada vez hay más monovolúmenes que funcionan como minibuses. Se reúnen cerca de las estaciones de autobús o plazas públicas; sus destinos se muestran en carteles en las ventanas o son voceados por el conductor, y salen cuando se ocupan todos sus asientos.

Los *grand taxis* trabajan rutas a las que no llegan los autobuses, como los puertos de Tizi-n-Test y Tizi-n-Tichka. Hay que tener en cuenta que el uso del cinturón de seguridad no es habitual y los conductores no suelen respetar los límites de velocidad.

Petit taxi

Los taxis regulares son conocidos como *petit taxis* y son los que se usan para trayectos cortos. Son vehículos de pequeño tamaño que admiten solo tres pasajeros y se pueden parar en la calle. Muchas veces no tienen taxímetro y es necesario negociar el precio antes. Hay que asegurarse cuál es la tarifa correcta. A los *petit taxis* no se les permite salir de la ciudad en la que operan. Para viajes de un día fuera de la ciudad hay que tomar un *grand taxi*.

Calèches

Una *calèche* (calesa) es un carruaje tirado por caballos. Son utilizadas por turistas para hacer recorridos por la ciudad. Antes de subir, hay que comprobar que el conductor disponga de una acreditación de SPANA, una organización internacional que vela por el bienestar de los animales de trabajo.
SPANA
🔵 spana.org

En bicicleta

Las carreteras de Marrakech pueden ser caóticas y es mejor dejarlas para ciclistas experimentados. Hay excursiones en bicicleta con guía como las que ofrece Pikala Bikes.
Pikala Bikes
🔵 pikalabikes.com

A pie

Marrakech es pequeña y el mejor modo de recorrerla es a pie. En realidad, en la Medina no hay otra opción, pues tanto Jemaa el Fna como otras zonas están fuera del alcance de los coches. Sin embargo, eso no impide que motos y bicicletas recorran las calles a pesar de los signos de prohibición. El entramado de calles es laberíntico y hay pocas señales, de modo que es posible perderse.

El paseo a Guéliz, al otro lado de la muralla, supone unos 20 minutos.

Viajar fuera de la ciudad

Para excursiones fuera de Marrakech a otras ciudades, al campo o al Atlas, hay que tomar un autobús CTM o Supratours, un *grand taxi* o un coche.

Un coche es, la forma más fácil de recorrer los alrededores de la ciudad. Otra opción es alquilar un coche con conductor, que ofrece total flexibilidad. También se puede alquilar un coche y conducirlo uno mismo, aunque es bastante caro; las agencias locales cobran en torno a 400 Dh al día. Conviene leer bien las condiciones del contrato, sobre todo lo relativo al seguro y a las coberturas en caso de accidente o robo. Se necesita un vehículo con tracción a las cuatro ruedas si se va al Atlas.

TRANSPORTE AL AEROPUERTO

Aeropuerto	Transporte	Tiempo	Precio
Aeropuerto de Marrakech	Taxi	15 min	70 Dh
	Autobús n.º 19	40 min	30 Dh

INFORMACIÓN PRÁCTICA

Conocer la información local ayuda a moverse con facilidad por Marrakech. Aquí están todos los consejos e información esencial que pueden resultar necesarios durante la estancia.

DE UN VISTAZO

MONEDA
Dirham

GASTO MEDIO DIARIO

BAJO	MEDIO	ALTO
600 Dh	**1.200 Dh**	**1.800 Dh**

AGUA MINERAL	CAFÉ	CERVEZA	CENA PAREJA
8 Dh	**15 Dh**	**40 Dh**	**200 Dh**

FRASES BÁSICAS

Hola	As-salaam aleikum
Adiós	B'salaama
Por favor	Afak
Gracias	Shukran
¿Habla español?	Itkelim al'asbania?
No entiendo...	Mafayimtish

ENCHUFES
Las tomas de corriente son de tipo C y E, con dos clavijas. La corriente es de 220 voltios.

Documentación
Para conocer los requisitos de entrada, incluido el visado, hay que consultar con la embajada marroquí más cercana o visitar la página web del **Ministerio de Asuntos Exteriores de Marruecos.**

Los ciudadanos de la Unión Europea necesitan un pasaporte en regla para visitar Marruecos, pero no visado. El pasaporte deberá tener validez para al menos tres meses después de la fecha de llegada. Si la estancia excede los tres meses se necesita visado.
Ministerio de Asuntos Exteriores de Marruecos
W consulat.ma

Consejos oficiales
Es importante tener en cuenta los consejos oficiales antes de viajar. En la página web del **Ministerio de Asuntos Exteriores de España** y en la de **Visit Morocco** (Oficina de Turismo de Marruecos) está disponible la información actualizada sobre seguridad, salud y regulaciones locales.
Ministerio de Asuntos Exteriores de España
W exteriores.gob.es
Visit Morocco
W visitmorocco.com

Información de aduanas
La información relativa a bienes y divisas que pueden entrar o salir del país figura en la página web del servicio de aduanas.
Administration des Douanes et Impôts Indirects
W douane.gov.ma

Seguro de viaje
Es recomendable contratar un seguro completo que cubra robo, pérdida de equipaje, atención médica, cancelaciones y retrasos, y leer atentamente la letra pequeña.

No hay acuerdos de reciprocidad sanitaria entre Marruecos y otros países, y si uno cae enfermo tiene que pagar las facturas del médico, por lo que es importante llevar un seguro de cobertura médica completa.

Vacunas

No es obligatoria ninguna vacuna para entrar en Marruecos, aunque es aconsejable inocularse frente a la hepatitis A y B, y la fiebre tifoidea, que se pueden contraer a través de alimentos o agua contaminados.

Dinero

En la mayoría de tiendas y restaurantes aceptan tarjetas de débito y crédito como Visa o Mastercard. American Express suele aceptarse menos. El uso de tarjetas de crédito suele conllevar un recargo de un 5 %. Hay muchos cajeros automáticos en Marrakech y otras ciudades y pueblos cercanos. Conviene llevar siempre algo de efectivo, pues muchos pequeños comercios y mercados siguen aceptando solo efectivo.

La propina forma parte de la sociedad marroquí. Casi cualquier servicio prestado supondrá una propina, conocida como *baksheesh*. Lleve reservas de billetes pequeños para este fin. En los restaurantes se espera una propina del 10-15 % de la cuenta; los porteros de los hoteles esperan 1 Dh por maleta y el servicio doméstico una propina de 5-10 Dh al día. Para los *petit taxis* se suele redondear la tarifa hasta el dirham más cercano, mientras que a los *grand taxis* se les suele dar una propina del 10 % de la carrera.

Viajeros con necesidades específicas

Marrakech es un lugar complicado de recorrer, sobre todo la Medina, donde las abarrotadas calles suelen ser estrechas y estar en malas condiciones. Hay pocas infraestructuras adaptadas con rampas, señalización en braille o señales acústicas en los cruces peatonales. Aparte de los hoteles grandes y de la estación de tren, muy pocos edificios tienen facilidades para las personas con necesidades específicas, aunque

los mejores *riads* de la ciudad hacen lo posible por adaptarse.

En su mayoría, los marroquíes son extremadamente hospitalarios y hacen lo posible por facilitar las cosas. La página web de **Disabled Tourist Guide** ofrece información y consejos para viajar a Marruecos a personas con necesidades específicas.

Disabled Tourist Guide
🆆 disabled-tourist-guide.com

Idioma

Los principales idiomas son el francés y el árabe. En la ciudad también se habla tamazight, la lengua del pueblo amazig. Quienes se dedican al turismo también suelen hablar inglés.

Horarios

Los horarios de los bancos son de 8.15 a 15.45 de lunes a viernes (9.30-14.00 durante el Ramadán). Las tiendas abren un poco más tarde pero permanecen abiertas hasta las 20.00 o 21.00. Algunos puestos de los zocos cierran los viernes a la hora de comer.

Los sábados muchos negocios abren medio día y los domingos todos los organismos públicos y los bancos cierran, al igual que muchas tiendas.

Durante las festividades religiosas de Eid El Fitr y Eid El Adha, toda la ciudad cierra durante al menos dos días, así que es difícil viajar. En Ramadán (comienza el 1 de marzo en 2025 y el 18 de febrero en 2026), muchos musulmanes ayunan; por eso, muchos restaurantes cierran hasta la puesta de sol. Algunos restaurantes dejan de servir alcohol ese mes.

> Las circunstancias pueden cambiar repentinamente. Antes de visitar museos, monumentos u otros lugares de interés consulte los horarios actualizados y las formalidades de reserva.

Seguridad personal

Por lo general, Marrakech es un lugar seguro, aunque se producen delitos menores. Cuidado con los carteristas en las zonas turísticas más concurridas, sobre todo en los zocos y en Jemaa el Fna, y hay ladrones de bolsos que actúan con motocicletas. Por ello, hay que emplear el sentido común, guardar los objetos de valor en un lugar seguro y mantenerse alerta. En caso de robo, se debe denunciar lo antes posible en la comisaría (*Brigade Touristique*) más cercana y pedir una copia de la denuncia para reclamar al seguro. En caso de robo de pasaporte o de un delito grave, hay que ponerse en contacto con el consulado o embajada.

La homosexualidad es ilegal en Marruecos y es técnicamente punible con hasta tres años de cárcel. Sin embargo, raras veces se hace cumplir la ley, que no se aplica a parejas no marroquíes del mismo sexo que visiten el país. Se recomienda encarecidamente ser discreto con respecto a la orientación sexual. Las manifestaciones públicas de afecto no están bien vistas y es mejor evitarlas.

Salud

Marruecos tiene sistema sanitario público y privado. En términos generales, el tratamiento en hospitales privados es de mayor calidad que el recibido en el sector público, insuficientemente financiado.

En caso de emergencia no hay que esperar a la ambulancia, es mejor tomar un taxi y acudir a la clínica privada más cercana, donde se deberá pagar por el tratamiento médico, incluidos los medicamentos utilizados. Se necesitan los recibos para reclamar después a la compañía de seguros.

Para dolencias leves, las farmacias suelen estar bien surtidas y disponen de personal cualificado. Si se tiene un accidente o problema que no requiera atención médica urgente, se puede preguntar en el hotel por un médico.

Tabaco, alcohol y drogas

La ley marroquí prohíbe fumar en la mayoría de los edificios públicos, pero raras veces se cumple.

Aunque los musulmanes tienen prohibido beber alcohol, Marruecos es un país islámico moderado. Unos cuantos bares y la mayoría de los restaurantes, sobre todo los frecuentados por extranjeros, sirven cerveza, vino y licores.

Aunque el hachís, conocido localmente como *kif*, es ilegal, muchos marroquíes lo

---

NÚMEROS DE EMERGENCIA

POLICÍA

19

AMBULANCIA Y BOMBEROS

150

ZONA HORARIA
(GMT +1)
Durante el Ramadán el reloj se retrasa 1 hora

AGUA DEL GRIFO
Es mejor no beber agua del grifo. Muchos establecimientos ofrecen agua filtrada para limitar el uso de botellas de plástico.

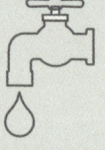

PÁGINAS WEB Y *APPS*

Visit Marrakech
Sitio web y *app* oficial de turismo de Marrakech, que ofrece una información amplia y práctica (*visitmarrakech.com*).

CTM app
Esta *app* es la mejor manera de comprar billetes para los autobuses CTM.

Visit Morocco
Sitio web oficial de la Oficina de Turismo de Marruecos con estupendas recomendaciones de alojamiento, excursiones y viajes (*visitmorocco.com*).

fuman. La pena por comprar o fumar *kif* es de diez años de cárcel.

Carné de identidad

A los turistas no se les exige ir identificado, pero es conveniente llevar una fotocopia del pasaporte.

Turismo responsable

La crisis climática está teniendo un gran impacto en Marrakech, con sequías y olas de calor cada vez más frecuentes. Es conveniente ducharse y reutilizar las toallas de los hoteles, así como las botellas con agua filtrada.

Consejos para comprar

Regatear es lo habitual cuando se compra, pero cada vez hay más sitios donde se ciñen a un precio fijo. Cuando se regatee, hay que empezar por la mitad o dos tercios del precio inicial. Si se consigue un buen precio, a lo mejor se tiene la sensación de que se ha abusado del vendedor: no hay que preocuparse, si no obtuviera beneficio, no lo vendería.

Es posible que en la Medina se acerque gente que ofrezca sus servicios como guía. Hay que comprobar siempre que son guías autorizados. Cualquier descuento que el guía obtenga del viajero en las tiendas quedará invalidado por su propia comisión, que el tendero tendrá en cuenta en el precio que cobre, por lo que hay que regatear a la hora de hacer compras. Otra opción es pedir al hotel que busque un guía oficial o reservarlo en empresas fiables como **Travel Link** o **Marrakech Guided Tours.**

Marrakech Guided Tours
🅦 marrakechguidedtours.com
Travel Link
🅦 travellink.ma

Costumbres

El islam es la religión del Estado y el rey de Marruecos es el líder espiritual. Por lo tanto se considera de mal gusto criticar la religión, así como interrumpir a alguien cuando está rezando.

En Marruecos se ayuna rigurosamente en Ramadán y muchos establecimientos cierran durante las horas de luz. Los no musulmanes deberían evitar comer, beber y fumar en público durante el día. Marruecos es un país conservador de mayoría musulmana, por lo que los visitantes deben vestir discretamente, es decir, llevar los hombros cubiertos y evitar el pantalón corto. Los vestidos y faldas deben llegar por debajo de la rodilla. No es necesario cubrirse la cabeza.

Los nativos del norte de África, conocidos comúnmente como bereberes, prefieren autodenominarse "amazig", que significa "pueblo libre". El nombre de bereber les fue dado por los romanos, perpetuado por los árabes invasores y utilizado por los franceses a principios del siglo XX. El pueblo amazig de Marruecos sigue reclamando que se reconozca su identidad y su cultura y ha hecho algunos progresos, incluido el reconocimiento en 2011 de su lengua, el tamazight, como lengua oficial de Marruecos.

Teléfonos móviles y wifi

Los operadores Maroc -Télécom, Meditél e INWI tienen acuerdos con las redes europeas que permiten a los visitantes utilizar sus móviles en Marruecos. Si se visita durante un periodo largo conviene comprar una tarjeta SIM de prepago de cualquiera de los operadores locales.

Muchos hoteles y *riads* ofrecen wifi gratuita, así como muchos cafés y restaurantes, y hay puntos de wifi gratuitos en la mayoría de estaciones de tren o autobús.

Correos

El servicio oficial Poste Maroc dirige las principales oficinas de correos. Se venden sellos en los *tabacs* y en los quioscos de periódicos y tabaco.

Impuestos y devoluciones

La mayoría de artículos y servicios están gravados con un 20 % de IVA. Los turistas pueden reclamar la devolución presentando una factura cuando las compras superen los 2.000 Dh. Este servicio está disponible en el aeropuerto de Marrakech.

DÓNDE ALOJARSE

Marrakech ofrece una variedad de alojamientos tan vibrantes como su Medina, desde auténticos *riads* –casas con patio– iluminadas con velas en medio del bullicio de Jemaa el Fna, hasta opulentos palacios dignos de la realeza o albergues ecológicos escondidos en las montañas del Atlas donde alejarse del bullicio. La mejor época, pero la más concurrida, es de septiembre a mayo. Se debe comprobar si hay aire acondicionado y calefacción: los veranos son muy calurosos y las noches de invierno frías.

PRECIOS

Por habitación doble (con desayuno, si está incluido), impuestos y otros cargos.

Dh menos de 1.200 Dh
Dh Dh 1.200-2.500 Dh
Dh Dh Dh más de 2.500 Dh

Jemaa el Fna y la kasba

Villa des Orangers

📍 J5 🏠 6 Rue Sidi Mimoun 🌐 villadesorangers.com · Dh Dh Dh

Un hotel de cinco estrellas donde sentirse tan cómodo como en casa. Este lujoso oasis ofrece serenidad y privacidad en tres *riads* contiguos con patios repletos de naranjos, con tres piscinas, una climatizada para el invierno, y dos deliciosos restaurantes. Situado entre Jemaa el Fna y la kasba, se encuentra a tiro de piedra de ambos barrios.

La Sultana

📍 K6 🏠 403 Rue de la Kasbah 🌐 lasultana hotels.com · Dh Dh Dh

Este lujoso hotel con encanto está lleno de pequeños detalles, desde su arquitectura ornamental tallada a mano hasta el impecable servicio de su personal. A ello se une su impresionante terraza del ático y su *spa* con

hammams tradicionales y espacios para relajarse.

Les Jardins de la Koutoubia

📍 J3 🏠 26 Rue de La Koutoubia 🌐 lesjardins delakoutoubia.com · Dh Dh

Popular y situado junto a Jemaa el Fna, este hotel ofrece vistas a la mezquita Koutoubia y dispone de más de 100 habitaciones, incluidas *suites* que unen su ubicación privilegiada con vistas a la Medina y el alminar de la Koutoubia. Sus piscinas, *spa* y tranquila azotea ofrecen el descanso ideal tras un día de visita turística.

Riad Noos Noos

📍 L5 🏠 8 Derb Jemaa Lahbir 🌐 riadnoosnoos. com · Dh

Esta encantadora casa de huéspedes permite disfrutar de la experiencia de un hogar tradicional fuera de casa. Dos de sus nueve habitaciones son *suites* familiares y el *riad* cuenta con sala de billar, juegos de mesa y una

biblioteca que hará las delicias de niños y padres.

Los zocos

Central House Marrakech

📍 K1 🏠 Medina Amssafah 32 🌐 thecentralhousehot els.com/marrakech · Dh

Un albergue acogedor y con estilo para los que viajan solos. Dispone de una soleada terraza en la azotea, piscina en el patio y cafetería llena de amantes de la aventura. Su combinación de habitaciones privadas y compartidas, limpias y cómodas, está equipada con cortinas para la privacidad y enchufes.

La Maison Arabe

📍 H2 🏠 1 Derb Assehbé, Bab Doukhala 🌐 cenizaro. com/lamaisonarabe · Dh Dh

Este histórico hotel de lujo presume de ser el primer *riad boutique* de Marruecos. Ideal para los amantes de la gastronomía, su escuela de cocina, que se remonta a 1946, ofrece talleres de media jornada o cursos de cinco días. Algunos se imparten en su club de campo, a 15 minutos en las afueras, con transporte gratuito desde el hotel.

Dar Attajmil

J3 **23 Souk Lahsour,** **darattajmil.com** ·

Este elegante *riad* ofrece una gran relación calidad-precio. Con solo cuatro habitaciones, la experiencia es acogedora y personalizada. Su bonita azotea y *hammam* privado son perfectos para relajarse y cuenta con otras opciones como sus fantásticas cenas y clases de cocina.

Riad Kniza

H2 **14 Derb l'Hotel, Bab Doukhala** **riad kniza.com** ·

Este auténtico *riad*, que se remonta al siglo XVIII, ha pertenecido a la misma familia desde hace casi 200 años. La colección privada de arte y piezas culturales de los dueños es un fascinante museo para disfrute de sus huéspedes y su atento personal garantiza una auténtica experiencia palaciega.

El Fenn

Derb Moulay Abdullah Ben Hezzian, 2 **el-fenn.com** ·

Perfecto para los entusiastas del diseño,

este extravagante hotel *boutique* tiene una colección de habitaciones decoradas con colores vivos, arte contemporáneo y tejidos lujosos. Con un ambiente relajado, su amplia terraza de la azotea es muy popular al atardecer gracias a sus vistas de la mezquita Koutoubia y su amable equipo de coctelería.

Le Farnatchi

K2 **Derb el Farnatchi, Rue Souk el Fassis** **le farnatchi.com** ·

Uno de los hoteles *riad* de la ciudad, Le Farnatchi es un ejemplo de tradición elegante. Sus innovadoras *suites* tienen frescas paredes blancas, muebles antiguos e intrincados detalles tallados a mano. Las zonas comunes son espaciosas y bonitas, con acceso directo al Farnatchi Spa adyacente, ideal para descansar y recuperarse.

Riad Alena

J3 **35 Derb Jdid** **riadalenamarrakech. com** ·

Riad a buen precio dirigido por una familia de hoteleros y amantes del arte, cuya influencia se hace patente en la decoración tradicional y alegres colores de sus cómodas habitaciones. La atención al detalle se extiende al delicioso desayuno incluido hecho en casa que se sirve en la terraza del ático.

Riad Adore

J2 **97 Derb Tizouagrine, Dar El Bacha** **riadadore.com** ·

Paredes encaladas y contraventanas grises talladas a mano crean un apacible telón de fondo para este oasis con habitaciones elegantes y modernas, y cuidados salones y terrazas que realzan su ambiente tranquilo. Su excelente servicio, deliciosos desayunos y *spas*, ofrecen una excelente relación calidad-precio.

Riad Linda

K3 **93 Derb Jamaa, Derb Dabachi** **iadlinda. com** ·

Cálida bienvenida en esta opción asequible en una ubicación céntrica a solo cinco minutos de la plaza Jemaa el Fna. Su personal multilingüe ofrece una taza de té de menta al llegar y se encarga de todas las necesidades de los clientes, desde el transporte hasta la cena.

Royal Mansour

G4 **Rue Abou Abbas El Sebti** **royalmansour. com** ·

Propiedad de la familia real, este hotel ofrece una opulencia palaciega. Cada *riad* independiente se distribuye en tres plantas y dispone de mayordomo privado. El *spa* es uno de los principales centros de bienestar del mundo, con tratamientos *hammam* dignos de un rey.

Riad Dyor

F3 ⌂ 1 Driba Jdida
W ryaddyor.com · ⓓⓓⓓ

Este romántico escondite tiene una deliciosa decoración decadente y original, con techos pintados a mano que se remontan a 300 años atrás. Las lujosas *suites* cuentan con bañeras exentas o chimenea privada. Su excepcional hospitalidad y calidez crea un refugio acogedor para los huéspedes en medio del ajetreo de la Medina. A ello se une un *hammam*, piscina *splash* y comedor en la azotea.

La Mamounia

F3 ⌂ Avenue Bad Jdid
W mamounia.com · ⓓⓓⓓ

¿Qué tienen en común Churchill, Paul MacCartney y los Rolling Stones? Que todos se alojaron en este icónico hotel-palacio de 1920. Este hotel cautiva el corazón de todos los que se han alojado en él con su elegancia atemporal. Impregnado de historia y lujo, cuenta con unas cómodas habitaciones, buen comedor, *spa* de lujo y servicio digno de Hollywood.

La Ville Nouvelle

Es Saadi Hotel Hivernage

C6 ⌂ Rue Ibrahim El Mazini, Hivernage
W essaadi.com · ⓓⓓ

Este complejo es una opción dirigida a las familias, con un precio razonable, cómodos alojamientos en habitaciones triples o bungalós y frondosos jardines, piscinas y club infantil para los niños. Además, es una empresa familiar con credenciales ecológicas: emplean agua reciclada para los jardines y su granja ecológica proporciona las frutas, verduras y aves de corral para los restaurantes del hotel.

Sofitel Marrakech

C6 ⌂ Rue Haroun Errachid **W** sofitel-marrakech.com · ⓓⓓⓓ

Conocida cadena hotelera con amplias instalaciones: restaurantes de calidad, gimnasio, piscinas exteriores y personal multilingüe. Sus frondosos jardines proporcionan tranquilidad de día, mientras por la noche, el bar de la terraza cobra vida gracias a su clientela local e internacional.

Maison Brummell Majorelle

C4 ⌂ 7 Rue Al Madina **W** maisonbrummell-majorelle.brummell-projects.com · ⓓⓓ

Este oasis urbano junto a los jardines Majorelle es ideal para los amantes de la arquitectura y el diseño. Sus habitaciones minimalistas tienen paredes pulidas, suelos de terrazo y alfombras de lana, y su personal amable invita a sentirse como en casa. El desayuno se sirve en su encantador patio.

Nobu

C6 ⌂ Av. Echouhada et Rue du Temple **W** marrahech.nobuhotels.com · ⓓⓓⓓ

Este hotel de cinco estrellas solo de *suites* tiene azotea con piscina, bar y ambiente de club de playa, además de unas impresionantes vistas de la ciudad y el Atlas. Es perfecto para los que aprecian un servicio de calidad y una cocina excepcional, incluido el característico estilo japonés de Nobu, el primero que se ha abierto en África.

Dar Rhizlane

C6 ⌂ Avenue Jnane el Harti **W** dar-rhizlane.com · ⓓⓓⓓ

Elegante y romántica villa con frondosos jardines, perfecta para parejas de gustos refinados. Cada habitación, con nombre de perfumes marroquíes, es espaciosa y está decorada individualmente, abierta terrazas llenas de flores o jardines. Sus instalaciones incluyen una cocina profesional, clases privadas de cocina, un lujoso *spa* y un restaurante de alta cocina.

Puerto de Tizi-n-Test

Kasbah du Toubkal

C2 ⌂ Toubkal National Park, Imlil **W** hasbahtoubhal.com · ⓓⓓ

Los amantes de la naturaleza y el senderismo disfrutarán en este ecológico refugio de montaña. Con vistas épicas, tiene acogedoras habitaciones con baño y está a un corto paseo, a pie o en mula, del pueblo de Imlil. Galardonado con el Green Globe por su esfuerzo en pro del turismo sostenible, su personal procede de los pueblos aledaños.

Kasbah Tamadot
📍 C2 🏠 Asni 🌐 virgin limitededition.com/kasbah-tamadot · ⓓ ⓓ ⓓ

Este lujoso retiro de montaña de sir Richard Branson es perfecto para desconectar de la vida cotidiana y sintonizar con la naturaleza. Además de su piscina e impresionantes vistas del Atlas, se puede practicar senderismo desde la misma puerta. Elija entre las *suites* de la kasba, las glamurosas tiendas de campaña o uno de los *riads* de tres habitaciones, perfectos para grupos y familias.

Douar Samra
📍 C2 🏠 Tamatert, Toubkal National Park 🌐 douar-samra.net · ⓓ

Hospitalidad amazig en esta propiedad del Parque Nacional de Toubkal, construida con materiales naturales. Las habitaciones de la casa principal se iluminan con velas y lámparas de aceite, mientras las habitaciones familiares y las casas del árbol estilo escandinavo tienen electricidad. Se puede practicar senderismo por la zona o disfrutar de las

vistas desde los jardines y terrazas.

Palais Oumensour
📍 B2 🏠 Borj Oumensour, Taroudant 🌐 palais oumensour.com · ⓓ

Este hermoso palacio en el corazón de la ciudad de Taroudant, apodada la "abuela de Marrakech", alberga unos exuberantes jardines con una piscina de buen tamaño, ideal para relajarse tras recorrer los zocos. Las habitaciones tienen una excelente relación calidad-precio, al igual que su delicioso menú cerrado de la cena.

Auberge Le Mouflon
📍 C2 🏠 Ouirgane · ⓓ
Situada en una comunidad rural del Atlas, esta casa de huéspedes familiar ofrece una cálida acogida amazig. Por la mañana, sus suculentos tajines caseros, que se comen junto a la familia, preparan para todo un día de actividades en las alturas, mientras sus bonitos jardines esperan para relajarse a la vuelta.

Ouirgane Ecolodge
📍 C2 🏠 Maghira, Ouirgane 🌐 ouirgane-ecolodge.com · ⓓ

Este alojamiento ecológico, perfecto para familias, está enfocado hacia la sostenibilidad: utiliza energía solar, agua reciclada y apoya a la comunidad local. Las habitaciones, con aire acondicionado, tienen espacios familiares

perfectos para descansar tras un día de aventuras en el Atlas. El hotel ofrece excursiones de varios días, ciclismo de montaña y retiros de yoga.

Puerto de Tizi-n-Tichka

Kasbah Ait Ben Damiette
📍 D2 🏠 kasbahaitben-damiette.resa-management.ma · ⓓ

Anidado bajo un dosel de palmeras a los pies del Atlas, esta kasba reconvertida es un oasis para los viajeros. Su carta franco-marroquí ofrece reconfortante comida casera y su piscina y jardines son una relajante escala en la ruta desde o hacia el desierto del Sáhara.

Dar Ahlam Skoura
📍 D2 🏠 Douar Oulad Cheih Ali, Koucheït, Shoura 🌐 darahlam.com · ⓓ ⓓ ⓓ

El nombre de esta kasba se traduce del árabe como "Casa de los Sueños", y con motivo. Su impecable servicio y bonitos espacios lo hacen perfecto para una escapada de montaña. Es un auténtico refugio de lujo para los que buscan paz y privacidad, y desean conectar con la naturaleza mientras son mimados por un personal excepcional. Ofrece además cenas privadas, masajes al aire libre y una noche a cielo abierto en una tienda de lujo.

ÍNDICE

Los números en **negrita** hacen referencia a las entradas principales.

FRANCÉS

Emergencias

¡Socorro!	Au secours!
¡Alto!	Arrêtez!
Llame a un médico	Appelez un médecin!
Llame a una ambulancia	Appelez une ambulance!
Llame a la policía	Appelez la police!
Llame a los bomberos	Appelez les pompiers!

Comunicación básica

Sí	Oui
No	Non
Por favor	S'il vous plaît
Gracias	Merci
Perdone	Excusez-moi
Hola	Bonjour
Adiós	Au revoir
Buenas tardes	Bonsoir
¿Cuál?	Quel, quelle?
¿Cuándo?	Quand?
¿Por qué?	Pourquoi?
¿Dónde?	Où?

Frases habituales

¿Cómo está?	Comment allez-vous?
Muy bien, gracias	Très bien, merci
Encantado de conocerle	Enchanté de faire votre connaissance
¿Dónde está/están?	Où est/sont…?
¿En qué dirección está…?	Quelle est la direction pour…?
¿Habla español?	Parlez-vous espagnol?
No entiendo	Je ne comprends pas
Perdón	Excusez-moi

Palabras habituales

grande	grand
pequeño	petit
caliente	chaud
frío	froid
bueno	bon
malo	mauvais
abierto	ouvert
cerrado	fermé
izquierda	gauche
derecha	droit
entrada	l'entrée
salida	la sortie
el servicio	la toilette, le WC
lunes	lundi
martes	mardi
miércoles	mercredi
jueves	jeudi
viernes	vendredi
sábado	samedi
domingo	dimanche

Compras

¿Cuánto cuesta, por favor?	C'est combien s'il vous plaît?
Querría…	Je voudrais…
¿Tienen?	Est-ce que vous avez?
¿Aceptan tarjetas de crédito?	Est-ce que vous acceptez les cartes de crédit?
Este	celui-ci
Aquel	celui-là
Caro	cher
Barato	pas cher, bon marché

Visitas turísticas

galería de arte	la galerie d'art
estación de autobús	la gare routière
jardín	le jardin
mezquita	la mosquée
museo	le musée
oficina de información turística	renseignements touristiques, le syndicat d'initiative
estación de tren	la gare

En el hotel

¿Tiene habitación?	Est-ce que vous avez une chambre?
habitación doble, con cama grande	la chambre à deux personnes, avec un grand lit
con dos camas	la chambre à deux lits
habitación individual	la chambre à une personne
habitación con baño, una ducha	la chambre avec salle de bains, une douche
Tengo una reserva	J'ai fait une réservation

En el restaurante

¿Hay mesa?	Avez-vous une table de libre?
Querría reservar una mesa	Je voudrais réserver une table
La cuenta, por favor	L'addition s'il vous plaît
Soy vegetariano	Je suis végétarien
La carta	le menu, la carte
Desayuno	le petit déjeuner
Almuerzo	le déjeuner
Cena	le dîner

Números

0	zéro
1	un, une
2	deux
3	trois
4	quatre
5	cinq
6	six
7	sept
8	huit
9	neuf
10	dix

ÁRABE

El árabe marroquí es único en Marruecos y no es comprendido por otros hablantes árabes. Los marroquíes hablan más rápido y abren palabras. La pronunciación es más suave debido a la influencia del francés

Emergencias

Ayuda	Aawenooni
¡Alto!	Owkof!
¿Puede avisar al médico?	Momkin kellem el tabeeb?
¿Puede llamar a la policía?	Momkin kellem el polees?
¿Puede llamar a una ambulancia?	Aayeto aala el isaaf
Llame a los bomberos	Aayeto aala el matafie

Comunicación básica

Sí / no	Na-am / Laa
Por favor	Min fadlak
Gracias	Se'hha
Lo siento	Min fadlak
Hola / La paz sea con usted	Selaam
Adiós	Ma'eel salaama
Buenos días	Esbe'h elkheer
Buenas tardes	Masaal kheer
Hoy	el yoom
Ayer	el baareh
Mañana	Ghadan
Esta noche	Felleel
¿Qué?	Shnoo?
¿Cuándo?	Imta?
¿Por qué?	Alash?
¿Dónde?	Fayn?

Frases habituales

¿Cómo está?	Washraak?
Estoy bien	Laabas
Encantado dee conocerl	Metshar-fin
¿Dónde está…?	Fayn…?
¿Cuál es el camino hacia…?	Ina terik…?
¿Habla usted inglés?	Tatkalam engleeze-ya?
No entiendo	Ana mafhimtaksh
Lo siento	Esme'hlee

Palabras habituales

grande	kbeer
pequeño	sgeer
caliente	sokhoon
frío	baared
bueno	mlee'ha
malo	mashemlee'ha
abierto	maftoo'h
cerrado	maghlook
izquierda	liseer
derecha	limeen
entrada	dokhool
salida	khrooj
aseos	towalett
día	nehaar
semana	semaana
lunes	el etneen
martes	el tlaata
miércoles	el arbe'aa
jueves	el khamees
viernes	el jomo'aa
sábado	el sabet
domingo	el a'had

Compras

¿Cuánto cuesta?	Kam else'er?
Me gustaría…	Ana 'habbayt
¿Tienen…?	Andak…?
Este	Hadi
Caro	ghaalya
Barato	rekheesa

Visitas turísticas

Galería de arte	galiree daar
playa	bhar
estación de autobuses	stasyon do boos
jardín	eljonayna
guía	geed
mapa	kaart
mezquita	masjid
museo	moozi
parque	baark
billete	tekee
oficina de turismo	mektab soyaa'h

En el hotel

¿Tiene una habitación?	Enta'andak ghorfa?
Habitación doble	ghorfa le shakhsayn
Habitación individual	ghorfa le shakhs waa'hid
Con baño / ducha	ma'al 'ham-maam / doosh
Tengo una reserva	Ana mereserve hna

En el restaurante / menú

guiso de verduras	tajeen
con carne cuscús	kuskus
pastel relleno de verduras y carne	elbasteela
sopa	'hreera
carne picada y especiada	kefta
pescado	el'hoot
pollo	djaaj
carne	l'hem
verduras	legoom/khodra
agua	maa'a
¿Tiene una mesa libre para…?	Enta'andak towla
Querría reservar una mesa	Brit reservawahd tabla
¿Me puede traer la cuenta?	Te'eteeni elfatoora min fadlak?
Soy vegetariano	Ana nabati wa la akulu lehoum wla hout
Desayuno	iftar
Comida	reda
Cena	aasha

Números

1	waa'hid
2	zooj
3	tlaata
4	araba'aa
5	khamsa
6	set-ta
7	seba'a
8	tmaanya
9	tes'aa
10	'ashra
20	eshreen
50	khamseen
100	meya

AGRADECIMIENTOS

Edición actualizada por

Colaboraciones Sally Kirby, Amanda Mouttaki

Edición sénior Alison McGill

Diseño sénior Laura O'Brien, Vinita Venugopal

Edición de proyecto Sarah Allen, Alex Pathe

Diseño de proyecto Bandana Paul

Edición Abhidha Lakhera, Molly McCarthy

Iconografía Geetam Biswas, Virien Chopra, Nishwan Rasool, Samrajkumar S

Diseño de cubierta Laura O'Brien, Vinita Venugopal

Iconografía de cubierta Claire Guest

Cartografía de proyecto Ashif

Cartografía sénior James Macdonald

Cartografía Suresh Kumar

Diseño DTP sénior Tanveer Zaidi

Diseño DTP Rohit Rojal

Preproducción Balwant Singh

Retoque de imágenes Pankaj Sharma

Producción Kariss Ainsworth

Responsables editoriales Beverly Smart, Hollie Teague

Edición de arte Gemma Doyle

Edición de arte sénior Priyanka Thakur

Dirección de arte Maxine Pedliham

Dirección editorial Georgina Dee

DK quiere dar las gracias a las siguientes personas por su contribución a la edición anterior: Andrew Humphreys, Alan Keohane, Mary Novakovich

La editorial quiere agradecer a las siguientes personas, instituciones y compañías el permiso para reproducir sus fotografías:

Leyenda: a-arriba; b-abajo; c-centro; f-extremo; l-izquierda; r-derecha; t-superior

123RF.com: Xamnesiacx 12br.

33 rue Majorelle: 84tl.

Alamy Stock Photo: AA World Travel Library 83tl, Abaca Press 46t, Ian Bottle / Carles Arola 81t, Ilyas Ayub 45br, Ian Bottle 72t, Adalgisa Cacciacarne 48bl, Chronicle 8t, Luis Dafos 77bl, Ian Dagnall 65tl, Escapetheofficejob 89bl, Kevin Foy 54tr, FreeProd 62l, Gaertner 104–105t, James Hackland 17b, Hemis / Avenet Pascal 23bl, Hemis / Guiziou Franck 95br, Hemis / Mattes René 11t, 41tr, Hemis / Montico Lionel 13cl (8), 49b, Diane Holmes 29tr, Idealink Photography 55b, imageBROKER.com GmbH & Co. KG / Franz Walter 101br, imageBROKER.com GmbH & Co. KG / Martin Moxter 21br, imageBROKER.com GmbH & Co. KG / Martina Katz 23br, imageBROKER.com GmbH & Co. KG / Wigbert Röth 95t, Imago / Aissa 90b, Impress 10tl, Jam World Images 34bl, Alistair Laming 34clb, 34cb, Y. Levy 34br, Mauritius images GmbH / Andy Ridder 76t, Moroccan vipLens 12cr, Ilpo Musto 59tr, 70bl, Steve Nicholls 63bl, Penta Springs Limited / Artokoloro 9tr, 9br, Photo 12 10br, Olga Popkova 61tr, Prisma Archivo 9bl, Lukasz Puch 98–99t, Roberthardimg / Jochen Schlenker 102tl, Rowan Romeyn 6–7, Grant Rooney 56t, Kumar Sriskandan 13bl, Petr Svarc 39br, Matthew Taylor 63tr, Tim E White 13clb, 58–59bc, 78tl, Jan Wlodarczyk 50tl, 105br, Andrew Woodley 36bl.

AWL Images: Francesco Riccardo Iacomino 52–53.

David Bloch Art Gallery: David Bloch 13tl.

Depositphotos Inc: Merc67 50–51b, Sabinoparente 19, Saharrr 96–97, Savvatexture 21cr, Wrangel 9cr.

Dreamstime.com: Checco 15bl, Ipek Morel Diplikaya 75tr, Dorinmarius 16tc, 38–39t, 82b, Grantotufo 29tc, Francesco Riccardo Iacomino 37tl, Miroslav Liska 43, Marktucan 20br, Mrsixinthemix 101t, Sergii Velychko 33br.

Dunes & Desert: 57br.

Fondation Jardin Majorelle: Nicolas Mathus 12crb.

Getty Images: 500Px Plus / Vincent Courceleaud 64–65b, AFP 10cl, AFP / Fadel Senna 10bl, Corbis Documentary / Marco Cristofori 20cr, De Agostini / DEA / C. SAPPA 8bl, DigitalVision / Kathrin Ziegler 13cla, 107, DigitalVision / Matteo Colombo 92–93, DigitalVision / Thomas Barwick 5, 14bl, 15cb, Moment / Artur Debat 22t, Moment / Carles Navarro Parcerisas 67, Moment / Chris Griffiths 99br, Moment / Craig Hastings 87tr, Moment / Francesco Riccardo Iacomino 87b, Moment / Photography by Jeremy Villasis. Philippines. 61bl, Moment / Roberto Moiola / Sysaworld 13cl, Stone Gary Yeowell 60t, WireImage / Jason Kempin 47br.

Getty Images / iStock: Balate Dorin 29ca, E+ / Eloi_Omella 69t, E+ / FrankvandenBergh 31t, E+ / Pavliha 24–25b, Fabiomichelecapelli 28b, 38bl, Javarman3 45tl, Zdeno_Kajzr 60bl, MelanieMaya 26bl, Olena_Z 32bl, Pavliha 23cb,

Andrey 88t, Starcevic 26–27t, 27br, Virestock 1.

e Foundouk: 79bl.

Maison de la Photographie: 46bl.

MY Kechmara: 85br.

Dasiria: 56br.

Pepe Nero: 73hr.

Riad Noir dIvoire: 48tr.

Shutterstock.com: Andocs 12cra, Atosan 70–71tc, Glen Berlin 25tr, Byvalet 32–33t, Kadagan 21tc, 35t, Posztos 37b, Edler von Rabenstein 29cra, Savvapanf Photo 30bl, skostep 102–103bc, Todamo 16cl, 40cl, 41b, 59bl, Olena Znak 44b.

Taros: 91tr.

Cubierta:
Delantera y lomo: **4Corners:** Reinhard Schmid. *Trasera:* **Alamy Stock Photo:** FreeProd tr, Gaertner tl; **Getty Images / iStock:** E+ / Pavliha tl.

Mapa desplegable:
4Corners: Reinhard Schmid.

Resto de imágenes © Dorling Kindersley Limited

Toda la información de esta Guía Top 10 se comprueba regularmente.
Se han hecho todos los esfuerzos para que esta guía esté lo más actualizada posible a fecha de su edición. Sin embargo, algunos datos, como números de teléfono, horarios, precios e información práctica, pueden sufrir cambios. La editorial no se hace responsable de las consecuencias que se deriven del uso de este libro, ni de cualquier material que aparezca en los sitios web de terceros, además no puede garantizar que todos los sitios web de esta guía contengan información de viajes fiable. Valoramos mucho las opiniones y sugerencias de nuestros lectores. Puede escribir al correo electrónico: travelguides@dk.com

De la edición en español
Servicios editoriales Moonbook
Traducción DK
Coordinación editorial Cristina Gómez de las Cortinas
Dirección editorial Elsa Vicente

Impreso y encuadernado en China

Publicado originalmente
en Gran Bretaña en 2008 por
Dorling Kindersley Limited, DK,
20 Vauxhall Bridge Road,
London, SW1V 2SA UK

Título original DK Top 10 Marrakech
Novena edición, 2025

ISBN 978-0-241-77202-7